5438 1735

S0-BDM-849

333

maneras de ser
feliz

ROBIN
BOOK

Si usted desea que le mantengamos informado
de nuestras publicaciones, sólo tiene que remitir-
nos sunombre y dirección, indicando qué temas
le interesan, y gustosamente complaceremos su
petición.

Ediciones Robinbook
información bibliográfica
C/. Indústria 11 (Pol. Ind. Buvisa)
08329 – Teià (Barcelona)
e-mail: info@robinbook.com

© 2013, Ediciones Robinbook, s. l., Barcelona
Diseño cubierta: Regina Richling
Fotografía de cubierta: iStockphoto
Diseño de interior y compaginación: Paco Murcia
ISBN: 978-84-9917-307-8
Depósito legal: B-249-2013
Impreso por Sagrafic, Plaza Urquinaona, 14 7º 3ª, 08010 Barcelona

Impreso en España - *Printed in Spain*

Brenda Barnaby

333

maneras de ser

feliz

éxitos de
autoayuda

ROBIN
BOOK

Introducción

La felicidad ha adquirido diferentes significados a través de la historia y de acuerdo con cada contexto. Algunos han negado su existencia o la han entendido sólo como una bella utopía. Muchos indagan si se trata de hechos aislados o de un estado permanente.

Aquí no pretendemos ofrecer planteamientos que te ubiquen en un espacio de incertidumbre, angustia o desazón, sino ofrecerte maneras alternativas de pensar, de comportarse, de plantarse frente a la vida; todo con el objetivo de que salgas del lado de la desesperanza, la pesadumbre y la tristeza, y te dirijas hacia una vida plena, esperanzada y alegre.

Nada es simple, es una de las pocas cosas que tenemos en claro. Todo tiene una causa y una consecuencia. La felicidad no puede escapar a esta regla. Por lo cual, no puedes pretender ser feliz si no luchas por ello, si no trabajas conscientemente para tal meta. Tu tarea, si deseas vivir mejor y más plenamente, es emprender un nuevo camino, un sendero en el cual no debe haber inercia, «más de lo mismo», resistencia al cambio, sino ganas de transformar tu ser, de renovarte, de replantearte actitudes, respuestas, creencias, estructuras, de no dejarte estar. Para tal objetivo es que hemos puesto a tu disposición diversos temas que te hagan reflexionar, que te permitan ver desde otros ángulos tu vida, tu comportamiento, para que así puedas producir una transformación positiva. Pero no quisimos quedarnos sólo en el planteamiento, y dimos un paso más: hemos puesto sugerencias y propuestas para que te ayuden en este proceso.

Esperamos humildemente poder ayudarte y que logres la vida plena que ansías.

No desperdicies tu tiempo, ¡Vive el presente!

Están los melancólicos que, asidos fuertemente a sus recuerdos, no dejan de pensar que todo tiempo pasado fue mejor, y están aquellos que viven permanentemente en el futuro, en lo que vendrá, imaginando que lo que está por suceder será mejor que el tiempo presente. En ambos casos, se produce inexorablemente la pérdida del aquí y el ahora. La vivencia pura. Como seres finitos que somos debemos tomar conciencia de lo efímero que es el momento exacto en el que se está. Cada uno debe tomar una posición activa y plena ante la vida y decidirse a experimentar ese presente. Planificar y recordar está bien, pero no podemos permitir que esas dos actividades ocupen toda nuestra vida. Debemos disfrutar cada instante, cada situación, cada tarea como si se fuera a producirse por última vez, porque de eso se trata... esto que está sucediendo en este preciso instante no se volverá a repetir; puede ocurrir algo similar, pero nunca igual. Así que lánzate a la experiencia de vivir el momento, intenta aprovechar cada minuto, aprecia ese café que estás saboreando, valora cada segundo, ama más a tu familia y amigos... podrían no estar contigo. Nada es tan valioso como lo que estás experimentando hoy, ahora.

El futuro nos tortura y el pasado nos encadena.
He aquí por qué se nos escapa el presente.

Gustave Flaubert

Valora, cuida y ama tu cuerpo

Sientes con esa piel que te parece pálida o con imperfecciones, miras a través de esos ojos cuyo color no son de tu agrado, besas con esos labios que no te gustan porque son finitos, masticas con esos dientes que aborreces porque no son perfectos como los de la sonrisa de la marca famosa de dentífricos. Sin embargo, son todos ellos los que posibilitan que te alimentes, que camines, que corras, que aprecies la belleza de un paisaje o de una pintura, que percibas caricias y texturas. ¿Cómo despreciar semejantes cosas? Quererse tal y como se es, sin críticas, sin desprecio, amarse a pesar de lo lejos que se pueda estar de aquello que se considera en nuestra sociedad como bello o perfecto, cuidarse y preservarse considerando los propios límites y posibilidades es la actitud más sana y feliz con que se puede encarar la vida. No hay manera de, siquiera, rozar la alegría y la esperanza si no existe el amor hacia uno mismo. Haz ejercicios, lleva una alimentación equilibrada, realiza tratamientos para mejorar tu piel y tu pelo, en fin… haz todo lo que consideres que te pueda ayudar a valorarte más… todo suma. Pero lo fundamental es apreciar la grandiosa obra de ingeniería que es tu cuerpo. Tan grandiosa y genial que te permite saltar, reír, probar bocadillos ricos, tomar un dulce licór, escuchar bellas melodías y recorrer y experimentar el maravilloso mundo en el que te encuentras.

Aprende a manejar la energía interior

Hace miles de años, los maestros taoístas descubrieron el qi, principio activo que forma parte de todos los seres vivientes y que podría traducirse como *flujo vital de energía*.

De acuerdo con la medicina tradicional china, cuando en nuestro organismo se interrumpe el recorrido normal de este flujo, enfermamos física y psíquicamente produciéndose así malestares, dolores, estados de ánimo descontrolados y diversos tipos de sensaciones desagradables; la manera de evitar que esto suceda es a través de la práctica de ciertas artes marciales como el aikijutsu, el tàijíquán y el aikido, o mediante medicinas alternativas tales como el reiki, la digitopuntura o la acupuntura. Si bien la ciencia occidental no reconoce la existencia de esta energía vital, cada vez son más los que acuden a los conocimientos orientales para equilibrar su cuerpo y recuperar su salud. La medicina china es milenaria y todos sus conocimientos pueden ser muy útiles cuando se trata de recobrar el normal funcionamiento de nuestros órganos y equilibrar nuestras emociones. Anímate a probar estas opciones, quizá podría ser la respuesta a muchos de tus problemas.

Disfruta de tu viaje diario al trabajo

De acuerdo con algunos estudios realizados, el recorrido que hacemos a diario en autobús, tren o metro puede ser bastante perjudicial para nuestra salud si no hallamos algunas soluciones creativas y prácticas que nos ayuden a sobrellevarlo.

Viajar apretujados, pegados a personas que desconocemos, expuestos a tirones, atropellos y malas respuestas; ser rehenes de paros sorpresivos o víctimas de hurtos o frenazos repentinos es toda una pesadilla. Por eso, a la hora de utilizar el trasporte público, deberíamos adoptar ciertas medidas que transformen esa rutina que nos es imposible evadir en algo más confortable, seguro y llevadero. A veces, cuestiones ordinarias pueden tener un papel muy importante en nuestra paz y nuestro bienestar. Tener siempre a mano los títulos de transporte, no llevar bolsos pesadísimos, prepararse para la posibilidad de que ocurran todo tipo de percances y no amargarse inútilmente, llevarse un libro, revista o mp3, o sencillamente dedicarse a estudiar los paisajes urbanos que se van sucediendo, pueden ser alternativas para transformar algo pesado, monótono y fastidioso en un hecho tolerable y hasta divertido.

Los viajes son los viajeros. Lo que vemos no es lo que vemos, sino lo que somos.

Fernando Pessoa

La intuición puede salvarte: escúchala

Un presentimiento extraño me dijo, no te subas a ese transporte, algo no está bien, toma el siguiente. Inmediatamente pensé: no pasa nada, no seas miedoso, siempre estás imaginando cosas raras, tómalo ya mismo. A los pocos minutos de iniciado el viaje, chocamos.

La intuición es esa voz interior que nos habla, nos da avisos y nos advierte. Lamentablemente pocos la escuchamos o somos perceptivos ante sus mensajes. Esa voz, a la que tan poca atención solemos prestarle, es el lenguaje a través del cual el Universo, la Naturaleza, se comunica con nosotros. Este vocabulario, que no posee intencionalidad o fines egoístas, nos indica el camino hacia el equilibrio, la paz, la sanidad y el bien común. Desoírlo es atentar contra nosotros mismos, es ignorar esas alertas que preservan nuestra vida, es desaprovechar un conocimiento superior que nos orienta hacia el bienestar y la concordia. Haz este ejercicio: Presta atención a estas advertencias que sientes. Prueba a seguir sus consejos. Observa los resultados. No permitas que tu escepticismo o la lógica con la que siempre te manejas interfieran en este proceso, sigue esa corazonada. Verás que la Naturaleza con su eterna sabiduría es capaz de cuidarte y conducirte a un modo de vivir más pleno y feliz. Inténtalo.

Enamórate de la persona correcta

Millones de personas pronuncian sin cesar: «deseo conocer al amor de mi vida» como si fuera una única palabra cargada de múltiples sentidos; con eso desean expresar: quiero conocer a ese ser que me completa, que es perfecto para mí, que me comprende, que me consuela cuando estoy mal y me hace reír cuando lo necesito. Raras veces implica lo que puede hacer y ser para el otro. Ese «amordemivida» es como un ser mitológico, intachable, que sabe exactamente cuáles son los deseos de su bienamada o bienamado, en el momento justo y hasta puede anticiparse a ellos. Y después se quejan de no hallarlo... ¿por qué será? Somos seres humanos, no androides, no dioses, no magos... sencillamente humanos y, como tales, estamos llenos de defectos. «El amor de mi vida», entonces, debe ser pensado de esa forma, sin fantasías espectaculares y sin poderes sobrenaturales, sencillamente como una persona dispuesta a hacer todo lo que esté a su alcance para dar amor, cuidar y acompañar, nada más. Hallar, pues, al compañero o compañera ideal requerirá abandonar la búsqueda en el Olimpo y comenzarla entre seres más terrenales. Al mismo tiempo, habrá que prepararse para dar, brindar afecto, compartir y aceptar al otro tal y como es. No es posible una relación unidireccional. Tampoco existen fórmulas secretas. Sólo se trata de reajustar los parámetros de búsqueda y de adecuarlos más a la realidad.

Regalos que llegan al corazón

Durante todo el año, ya sea en cumpleaños o días especiales, organizamos, compramos y damos obsequios materiales: una cartera, unos pendientes, libros, pero perdemos de vista hacer regalos emocionales que, aunque no tienen valor en dinero o cuestan poco, sí poseen una alta carga sentimental. No solo son gratificantes para el receptor sino para quien lo entrega. Dan alegría y fortalecen los afectos. ¿Con qué regalos emocionales, pues, puedes sorprender a aquellos a quienes quieres agasajar? Las tarjetas, por ejemplo, son una bella alternativa porque en ellas se hace posible plasmar todo lo que sientes por esa persona, expresarle lo que significa para ti y desearle un futuro brillante. Una carta también puede convertirse en una hermosa manera de trasmitir anhelos y sentimientos. Ni hablar del poder de un abrazo fuerte y sincero o de una ayuda en el momento justo. Los regalos emocionales, a diferencia de otro tipo de obsequios, no son productos adquiridos y entregados como parte de un compromiso social, sino que son manifestaciones afectivas, amorosas que parten de un sentimiento genuino, y su finalidad es única y especial: dar y recibir amor y cariño.

Encuentra el verdadero sentido de tu vida

Mi trabajo no me agrada, pero paga mi hipoteca. No tengo hobbies. Cursé marketing para conseguir mejores empleos, no por vocación. No sé qué quiero ni qué me gusta. Tengo treinta y cinco años y ya no sé qué hacer para ser feliz.

Múchas personas están tan acostumbradas a vivir con el «piloto automático» que, sin darse cuenta, pasan la mayor parte de sus vidas sin saber verdaderamente quiénes son, qué les gusta y qué propósitos tienen. Así, cada día, les resulta igual al siguiente, cada día es una triste imitación del otro, un sinsentido, una inercia carente de gracia y alegría. El mundo y la existencia, de este modo, se tornan insoportables, agotadores. Sin embargo, en el momento mismo en que surgen las preguntas: «¿por qué no soy feliz?», «¿qué estoy haciendo de mi vida?», se abre una alternativa, una posibilidad de cambio. Aparece el deseo de búsqueda de sentido. Es ése el momento propicio para comenzar el recorrido interior... esa exploración e indagación internas que sirven para descubrir un nuevo rumbo.

Si estás en un punto crucial de tu vida, ten en cuenta que el autoconocimiento brinda la posibilidad de establecer metas más acordes con los propios recursos, hallar lo que puede producir placer y satisfacción, generar relaciones más sinceras y duraderas, resolver conflictos de forma más eficaz y, tarde o temprano, te conduce a esa certeza que tanto deseas y necesitas. Comienza a trabajar en ello, sin demoras.

Creo que podría volverme a vivir con los animales.
¡Son tan plácidos y tan sufridos!
Me quedo mirándolos días y días sin cansarme.
No preguntan, ni se quejan de su condición;
no andan despiertos por la noche,
ni lloran por sus pecados.
Y no me molestan discutiendo sus deberes para con Dios...
No hay ninguno descontento,
ni ganado por la locura de poseer las cosas.
Ninguno se arrodilla ante los otros,
ni ante los muertos de su clase que vivieron miles de siglos antes que él.
En toda la tierra no hay uno solo que sea desdichado o venerable.

Walt Whitman

Vive con optimismo. ¡Tú puedes!

Si cada mañana te miras al espejo y piensas que no te ves bien y que, seguramente, tu día será aburrido y tortuoso, te predestinas para el fracaso. No dejas la puerta abierta para la posibilidad de que te sucedan cosas divertidas o fascinantes. Cuando te dices «hoy me veo mal y la pasaré mal», así será, inexorablemente. Si, en cambio, comienzas con una afirmación positiva o, por lo menos, planteando la duda: «¿Me pasará algo bueno hoy?», «¿me llevaré una grata sorpresa?», te estarás encaminando hacia la alegría de vivir. Cuando te exiges y aprendes a ser optimista ya no hay espacio para los pensamientos negativos. Ese lugar, en cambio, es ocupado por la esperanza y las expectativas. Si eliges pensar de manera positiva, la mente trabajará en tu favor para apartarte de gente o situaciones poco favorables y para abrirte a un nuevo abanico de experiencias satisfactorias. Eres un ser creador y, como tal, puedes cultivar nuevas ideas y hábitos. Comienza a modificar tu discurso interno, cree firmemente en ti. Di una y otra vez «yo puedo, hoy será un día hermoso, sé qué es la felicidad e iré en su búsqueda, me lo merezco, soy capaz, puedo gozar de la vida».

Goza del tiempo libre

Estar nerviosos, tensos y estresados, evadir salidas o descansos, enfermarnos continuamente… todo, porque vivimos pendientes (las veinticuatro horas) de lo que sucede en la oficina. Esto es lo que se toma como normal en la actualidad.

Sin embargo, ¿tiene que ser así? El trabajo debería ser un medio, no un fin en sí mismo, y las exigencias laborales tendrían que tener límites. Paul Lafargue (teórico político y revolucionario francés) decía que era indispensable el poder disfrutar de la vida, y que el vivir tenía que ser una actividad creadora, en la que estuvieran incluidos el conocimiento, la ciencia y el amor, así como también, la actividad física y el placer. Una vida sin todos estos elementos no era vida. Proponte, pues, hoy mismo, sin demoras, darle el lugar que le corresponde al trabajo y a las obligaciones y dejarte espacio para disfrutar del día, para holgazanear, quedarte en tu sillón favorito mirando al techo o viendo una película. Si quieres tener un compromiso, acepta éste… descansa, relájate y diviértete. Nada hay más dañino para tu salud que no disponer de tu tiempo para entretenerte sanamente.

¡Manos a la obra!
¡Construye tu futuro!

El lenguaje es sublime, y sirve para transmitir infinidad de aspiraciones, sentimientos y emociones. Sin embargo, hay un momento en que se debe dejar de lado la palabra para ir derecho a la acción. Todas esas expresiones como: «mañana conseguiré aquello», «el lunes empezaré la dieta», «la semana que viene me inscribiré en gimnasia», «en unos meses pediré un aumento», «me gustaría poder...», deben, tarde o temprano, transformarse en hechos reales. Es posible que muchos de los problemas que tengas, hoy en día, se deban a que posees una lista interminable de deseos y proyectos que jamás se realizan o se llevan a la práctica. Sólo son una bella enumeración de «cosas que realizarás algún día», nada más. Entonces tu vida es solo deseo, añoranza y postergación. La vida se vive viviéndola, no pensándola o imaginándola. Es cierto que cuando uno se lanza a la aventura de concretar pensamientos se halla más expuesto a errores, decepciones y desengaños, pero también tiene la misma probabilidad de recibir sorpresas, prosperar, evolucionar, conocer gente y lugares nuevos, aprender cosas y vivir situaciones increíbles. ¿No fue el querido escritor Antonio Machado el que dijo *Caminante no hay camino, se hace camino al andar*? Pues bien, comienza a ser artífice de tu destino, haz lo que quieras, pero hazlo, no dejes que la inercia, la costumbre, la apatía y el miedo te dominen. Acepta el desafío de atreverte a ser y a experimentar.

Vístete como te gusta, no como dicta la moda

Quien dijo que la moda no incomoda estaba mintiendo. La moda sí puede ser molesta cuando no responde a las necesidades y características de cada persona. Los medios de comunicación con sus modelos, artistas y gente diversa de la farándula dicta lo que hay que ponerse, cómo y qué colores exhibir. Esta tiranía afecta a millones de personas. Contadas con los dedos de una mano son las veces que explican que los pantalones súper ajustados pueden generar problemas en el sistema circulatorio, que los tacones altos ocasionan inconvenientes en los pies y en la columna, que algunos sujetadores pueden producir problemas en los pechos, o que, sencillamente la paleta de colores de

la temporada no es apta para la mayoría de la gente. No todos están en condiciones de costear las terribles sumas de dinero que se deben pagar para adquirir prendas de la marca top. De modo que lo ideal es que analices seriamente qué es lo que a ti te gusta, cuánto dinero puedes emplear en tus compras sin terminar asfixiado por las deudas y qué es lo que te hace sentir atractivo y cómodo. La ropa y el calzado que uses deben permitirte libertad de movimiento, sensación de bienestar. Abre tu armario, obsérvalo bien, ve qué prendas o calzados no son de tu agrado, ya sea por incomodidad o porque sencillamente no coinciden con tu estilo, deshazte de ellos o apártalos. Si deseas lucir diferente puedes darte el gusto… no existe ninguna ley que te sancione por no dejarte llevar por la corriente.

El zapato que va bien a una persona es estrecho para otra: no hay receta de la vida que vaya bien para todos.

Carl Gustav Jung

Hacer ejercicios te ayudará a vivir más y mejor

El hombre primitivo no necesitaba asistir a un gimnasio. Su manera de vivir y sus actividades al aire libre (correr, pescar, cazar, cultivar, nadar, trepar, defenderse de los animales salvajes) eran el mejor ejercicio físico, y, además, requerían de su máxima atención. Su vida dependía de ello.

En la actualidad, en cambio, la actividad física ha quedado bastante limitada y convertida en una práctica artificial.

Se entiende que en la vorágine de la vida moderna los que deben trabajar apenas disponen de tiempo para ejercitarse; llegan tarde a sus casas y lo más cercano al ejercicio es mover el pulgar para cambiar los canales en el control remoto. La máxima actividad es correr hacia el autobús que se escapa, caminar hasta el tren o recorrer algunos centros comerciales. Esta manera de vivir, inevitablemente, reduce la energía vital y produce enfermedades en nuestro organismo y mente. De modo que aunque te cueste alejarte de ese silloncito mullido o apartarte del televisor, debes hacer un esfuerzo para poner en movimiento tu cuerpo. Realiza algún deporte o, por lo menos, toma semanalmente algunas clases de pilates o yoga. Verás cómo cambia tu ánimo, tu vitalidad y tu humor.

Malditos estados de ánimo... ¡que no te dominen!

Como tan bien lo expresó Bertrand Russell, «con los estados de ánimo no hay discusión posible; pueden cambiar debido a algún suceso afortunado o a un cambio en nuestro estado corporal, pero no se pueden cambiar con argumentos».

Es decir... no es posible salir de la tristeza, del abatimiento, de la melancolía, el nerviosismo, la desesperación a través de lamentaciones o excusas. La acción es la opción correcta para alejarse de estos estados anímicos que tanto nos maltratan y nos hunden.

Si te sientes triste, no mires películas que te depriman aún más, proponte firmemente salir un poco, «dar una vuelta», hacer algo mínimanente divertido o que movilice tu interés. Si estás preocupado y apesadumbrado, trata de definir exactamente qué es lo que estás sintiendo y lo que crees que lo puede estar provocando, ponle nombre a esa sensación y halla sus causas, ya que al hacer esto estarás en condiciones de luchar contra eso que te agobia. No te quedes estancado en la queja, en la depresión, sal de ese espacio negativo y busca algo que te motive, que te haga cambiar de parecer. A veces, con caminar un poco, hablar con algún amigo, realizar algo divertido, puedes ayudarte a salir a flote y a sentirte mejor y más optimista. Inténtalo.

Tener amigos enriquece la vida

Es necesario aclarar una confusión que existe hoy en día: tener un amigo no es lo mismo que tener un conocido. Estos últimos no demandan ni dan afecto y son relaciones más bien ocasionales. La amistad, en cambio, es un vínculo profundo y que requiere de una especial disposición. Es una relación particular que necesita para alimentarse de ingredientes como dedicación, lealtad, franqueza, cariño y confianza; actitudes egoístas como el olvido y la desatención la destruyen.

De modo que si uno anhela tener amigos, primero tiene que estar dispuesto a brindarse, a cuidar del otro, a velar por su bienestar. No hay forma de entablar una relación de este tipo cuando no se quiere dar nada de sí. Ten en cuenta estas máximas para comprender exactamente lo que implica la amistad:

- El buen amigo no prejuzga, no juzga, ni condena.
- El buen amigo está dispuesto a ayudar.
- El buen amigo no recrimina ni pide nada a cambio.
- El buen amigo respeta y escucha.
- El buen amigo acompaña en los buenos y malos momentos.
- El buen amigo acepta al otro con sus virtudes y defectos.
- El buen amigo olvida los agravios.

Finalmente, recordemos las palabras de La Fontaine: «Cosa dulce es un amigo verdadero; bucea en el fondo de nuestro corazón inquiriendo nuestras necesidades y no ahorra el tener que descubrirlas por nosotros mismos».

Comprar compulsivamente no te ayudará a ser feliz

Para muchas personas es difícil resistirse a la tentación de comprar compulsivamente porque hallan en esta actividad una manera de distraerse, de salir corriendo del hogar, de no pensar, de alejarse momentáneamente de la angustia, de evitar la depresión o de evadir un problema.

El tema es que este «deporte» se torna peligroso cuando se depositan en él falsas expectativas, no se le pone límites y terminan generando una serie de aprietos económicos.

No se trata de no comprar, de no desear, sino de comprender qué es lo que se está buscando en realidad cuando se saca a pasear la tarjeta de crédito.

Antes de endeudarte, de llenarte de cosas obsoletas, respira hondo, piensa si lo que estás por llevarte a casa es necesario, si te sirve o si sólo acrecentará una hermosa cuenta a fin de mes. Acostúmbrate a considerar esto cada vez que vayas a hacer un gasto. Es mejor abstenerse y guardar ese dinero para algo realmente útil. Si puedes, cada mes, estudia tus ingresos y gastos, establece una cifra para éstos y no te desvíes de ese objetivo. Aprende a desconfiar de los avisos publicitarios, ya que generalmente se manejan con estándares poco reales para la mayoría de la gente, y lejos de producir felicidad, nos alejan de ella.

Halla un espacio de placer y tranquilidad

Hacer gimnasia es bueno para el organismo, realizar un curso aporta conocimientos, aprender un nuevo oficio puede abrir tu panorama laboral actual, concretar un proyecto quizá te aporte una mejora económica y una satisfacción personal, pero conseguir un pequeño momento de reposo en ese sofá que tanto te gusta, encerrarte en el baño y tomar un baño de espuma con exquisitas esencias, «tirarte» un ratito en la cama luego de una jornada extenuante de trabajo es celestial. Cuidarse con dietas equilibradas, hacer deporte, asistir al médico son cosas fundamentales para cuidar la salud, pero también lo es hallar esos pequeños sitios donde uno se puede apartar del ruido, del estrés y de los problemas cotidianos. Ubicarse en esos espacios de placer, cerrar los ojos, tener a mano alguna bebida de nuestro agrado, un libro y una bella música de fondo son parte de la búsqueda del bienestar. No hay forma de seguir adelante si no se consiguen pequeños oasis para aislarse y descansar apaciblemente, espacios para bajar la velocidad, despreocuparnos y dirigir nuestros pensamientos hacia cosas bellas y agradables.

Cuando la mente y el cuerpo se instalan, aunque más no sea, unos minutos, en ese lugar mágico y placentero, inexorablemente, se produce una bella sensación de bienestar, paz y sosiego imprescindibles para enfrentar el día siguiente.

Vida

Si logro salvar un corazón de romperse,
no viviré en vano;
si logro borrar de una vida el dolor,
o enfriar una herida
o ayudar a un esfumado petirrojo
a regresar a su nido de nuevo,
no viviré en vano.

Emily Dickinson

Conócete a través de los registros akáshicos

Este término de origen sánscrito se emplea para denominar un plano de conciencia cósmica que actúa como archivo, en el cual se graban todos los acontecimientos, pensamientos y emociones. Allí se encuentra registrada no solo la historia del Universo sino la personal, además del propósito en la Vida, de nuestra vida y el destino.

A esta «conciencia» (que puede revelarnos el porqué de nuestras actitudes, comportamientos y elecciones) se puede acceder por medio de la proyección astral, del sueño lúcido y otras formas de experiencias extracorporales.

Existen personas que poseen dones, tales como médiums o chamanes, que pueden ayudarnos a emprender este camino de conocimiento y crecimiento trascendental. Este aprendizaje apuntaría, también, a sanar el karma y superar procesos negativos, bloqueos y traumas. La sanación, que comienza desde el momento mismo en que se lee el aura y el alma, brinda la posibilidad de encaminarnos hacia lo que debe ser nuestra vida: una existencia gozosa y saludable.

Cómo funciona esta terapia: el Maestro/terapeuta a través de una oración específica se conecta como canal del registro akáshico. Establecido el lazo, el paciente le hace preguntas y el Maestro se las responde. Se puede consultar acerca de vidas pasadas, problemas actuales y sobre el futuro. También se trabaja con mandalas, mantras y meditación.

No tapes la angustia con comida

Acabas de discutir con un amigo, tu jefe o pareja. Te sientes dolido, angustiado o enojado. Cuando llegas a tu casa, lo primero que haces es poner sobre la mesa montones de alimentos y no paras hasta sentirte reventar esperando liberarte de ese mal momento. Esta reacción bastante habitual se repite con frecuencia en millones de personas que buscan desahogarse y tranquilizarse comiendo hasta quedar somnolientos y adormecidos por el exceso de comida.

Cuando comemos descontroladamente, es claro que no lo hacemos porque tenemos hambre, sino porque deseamos acallar esas emociones. Resulta más fácil taparlas que hacerles frente. Todos, en un momento u otro, nos alimentamos de forma emocional. Sin embargo, cuando este modo incorrecto de resolver las cosas se hace habitual termina siendo una verdadera complicación para la salud, tanto física como emocional. Evitarlo no es fácil, porque generalmente no somos conscientes de este mecanismo. Para lograrlo, debemos aprender a identificar las situaciones críticas, es decir, esos momentos en los que, sin darnos cuenta, salimos disparados hacia la nevera. Es necesario prestar atención a esas reacciones y a las emociones que las generan para poder controlar mejor la situación. Este trabajo de autoconocimiento y reconocimiento de procesos de «estímulo/respuesta» será el camino correcto para sustituir ese acto compulsivo por hábitos más sanos.

¡Stop al maltrato!

Un padre, una madre, una pareja, un profesor, un jefe, un colega, un amigo… cualquiera puede ser un agresor.

Ser agresor no implica solamente ejercer violencia física sino que hay cientos de formas sutiles para mortificar a una persona.

Menospreciar, discriminar, disminuir y criticar las capacidades del otro, despreciar, presionar, chantajear emocionalmente, debilitar la autoestima, provocar desconfianza en la gente que lo rodea, manipular a través del miedo para crear inseguridad y aislamiento son algunas de sus artimañas. Como podrás observar, no estamos tratando un tema menor. Para luchar con quien te agrede o trata de someterte deberás emprender las siguientes acciones: estudiar a quien trata de perjudicarte para comprender cómo piensa y por qué trata de herirte, fortalecerte, establecer límites (sin agresividad), tener respuestas amables pero firmes que detengan su avance sobre ti, evitar expresar sentimientos o pensamientos íntimos delante de él o ella porque eso les da información para atacarte mejor; en la medida de lo posible, mantener distancia, no dejar que te avasalle con comentarios hirientes o críticas y trazar una estrategia para alejarlo y protegerte. Que te griten delante de tus colegas, que tu pareja te denigre, que un supuesto amigo te falte el respeto no son cosas que debas soportar. Apóyate en la gente que realmente te estima, acude si es necesario a un terapeuta, pero sobre todo hazte fuerte y no bajes los brazos.

Respira profunda y conscientemente... será de gran ayuda

Hoy en día, con la velocidad a la que vivimos y por las miles de cosas a las que debemos estar atentos, no ponemos atención en algo tan básico pero vital como nuestra respiración. Inspiramos y espiramos de manera automática, entrecortada, nerviosa. Este descuido reduce nuestra fuerza vital y nos enferma. Observar la manera en que respiras y practicar de manera consciente diferentes ejercicios respiratorios hace que respondas mejor ante determinados estímulos, que te serenes, que contestes con calma y de manera más acertada; tus pulmones se expanden, te desintoxicas, tu organismo funciona mejor y se renuevan tus energías. Te sugerimos, pues, que asistas a centros de yoga o a lugares en donde te enseñen diferentes ejercicios para comenzar a respirar adecuadamente y, a la vez, ponemos a tu disposición una práctica que te será sumamente beneficiosa si la realizas con regularidad.

Recargar las baterías

1. Siéntate (con la columna bien erguida) en un lugar que te resulte cómodo y apacible.
2. Lentamente trata de tranquilizarte.
3. Inhala sin prisa y profundamente (expandiendo el abdomen) y luego realiza una poderosa y brusca exhalación, como el rugido del león (por medio de la contracción de los músculos abdominales).
4. A continuación relaja el abdomen para volver a inspirar. Recomendaciones: haz este ejercicio a diario y con 5 repeticiones. Si sientes mareos o algún tipo de molestia interrumpe inmediatamente la práctica.

Renuévate espiritualmente

Actualmente se vive un momento extraño frente a la espiritualidad. Sobre todo en estos últimos tiempos, se viene observando cierta migración desde las prácticas religiosas tradicionales a otras procedentes de oriente y a nuevas prácticas de carácter ocultista. El hombre se siente raro, solo, limitado y quiere rozar lo divino, lo intangible. Está hambriento de su porción de infinito.

Este renovado interés espiritual brota de una profunda necesidad de experiencia interior y de libertad, que la sociedad en la que vive no logra satisfacer.

La civilización actual, lejos de ponernos en contacto con lo místico, lo solidario o lo amoroso nos habla de productividad, tecnología, dinero, objetos. Por esa razón es que hoy más que nunca necesitamos de la otra realidad... la de los sentimientos y la fe. Es imprescindible ponernos en contacto con esa entidad superior y distinta e impregnarnos de su misterio.

Para recuperar esa «dimensión de lo profundo y de lo inconmensurable» es fundamental iniciar una búsqueda, reflexionar, hablar con personas que tengan las mismas inquietudes y mantenerse abierto a las respuestas que puedan llegarnos. Martin Luther King decía: «Da el primer paso en la fe. No necesitas ver toda la escalera, sólo dar el primer paso».

La emoción más hermosa y profunda que podemos experimentar es la emoción mística. Allí yace el germen de todo arte y toda ciencia.

Albert Einstein

Maneja el arte de la conversación

La conversación es un diálogo que se establece entre dos o más personas. Es una interacción, un cambio de información y una comunicación de ideas. Para conversar correctamente no emplees gritos, sino habla con voz clara y serena, sin tratar de tapar al otro ni agredirlo. También presta mucha atención a lo que dicen los demás, no hables solo tú. Cuando estés entre desconocidos, deberás sobreponerte al temor o la vergüenza y decir lo que piensas, pero siempre en un clima de respeto. Trata siempre de mirar al que está conversando, hazlo sentir que lo que comenta es interesante, pero si necesitas expresar disentimiento lo puedes hacer en tanto y en cuanto no sea agresivamente. Nunca te conduzcas de tal manera que la charla se transforme en una discusión, en donde todos gritan, nadie escucha y, sobre todo, nadie tiene razón. Reserva tus críticas solo en caso de que sean constructivas, cuando aporten algo positivo.

La razón de que haya tan pocas personas que resulten agradables en la conversación estriba en que cada cual piensa más en lo que se propone decir que en lo que están diciendo otros, y nunca escuchamos cuando estamos deseosos de hablar.

La Rochefoucauld

En los libros podrás hallar respuestas

Existen textos de diferentes formatos y temas: novela, ensayo, cuento, teatro, poesía, de amor, erotismo, terror, política, matemáticas, filosofía y miles de temáticas más. Cada uno tiene algo para contarnos y hacernos sentir. Todos son una excelente compañía. Con ellos aprendemos, lloramos, nos enojamos, reflexionamos. Sólo con ellos, desde un lugar confortable, podemos conocer países exóticos, personajes extraños, teorías nuevas, historias verídicas y ficticias. ¿Quién puede ignorar esas maravillosas historias narradas por Victor Hugo, Austen, las hermanas Brönte, Proust, Joyce, Flaubert o Poe? Leer libros activa la imaginación, nos hace aprender cosas que hasta el momento desconocíamos y son excelentes para combatir el estrés, la angustia y el sentimiento de soledad. De hecho, hay terapeutas que recomiendan la lectura de títulos específicos para el tratamiento de ciertos trastornos psicológicos leves o moderados.

La elección de la bibliografía deberá realizarse tomando en cuenta la situación particular de cada uno. Por ejemplo, leer a Cioran o a Sartre cuando se está deprimido no sería la elección más acertada; sí, en cambio, manuales de autoayuda, libros de filosofía y de psicología cuyos contenidos apuntan al autoconocimiento y el crecimiento personal.

Solo tú eres el dueño de tu vida

La libertad es un derecho que no debemos dejar que nos arrebaten. La libertad es la capacidad que poseemos de poder obrar según nuestra voluntad, y esto, a la vez, nos hace responsables de nuestros actos. Pero este término tan radical no debe ser entendido como un concepto abstracto, lejano y utópico. No. La libertad comienza desde lo más ínfimo de nuestro ser y con los actos más pequeños. Implica no dejarse llevar por la moda, por la batahola publicitaria o por la tiranía de un colega, pareja o familiar. Se trata de ser uno mismo, contra viento y marea, presentar lucha ante lo que nos quieren imponer y tomar decisiones de acuerdo con parámetros propios. Si deseas vivir responsable y plenamente deberás tomar el control de tu vida, hacerte cargo (con los pros y contras que implique) de tu existencia y emprender las acciones que sean necesarias para establecer límites que ayuden a preservar el amor propio y la salud. Esto requiere fortaleza, voluntad y mucha determinación. Pero de no tomar esta iniciativa, otorgarás el derecho a quien sea de meterse en tu vida y convertirla en lo que desee.

La libertad, Sancho, es uno de los más preciosos dones que a los hombres dieron los cielos; con ella no pueden igualarse los tesoros que encierran la tierra y el mar: por la libertad, así como por la honra, se puede y debe aventurar la vida.

Miguel de Cervantes Saavedra

Hazte respetar: tu opinión vale mucho

Demasiados hablan, sentencian, informan, comentan, pero pocos poseen ese don de hacer valer lo que dicen.

Defender y expresar con valentía lo que se siente y piensa es una parte vital de nuestra existencia, y para ello será necesario adoptar medidas tales como: informarnos bien sobre el tema del que hablaremos, mostrar seguridad y confianza, ser amables pero firmes. No es necesario ser agresivo para comunicar ideas, incluso, cuando existan importantes discrepancias: trasmitir el concepto con claridad y sin vueltas, mirar directamente a los ojos, sin temor ni vacilación, tener una buena postura. Un cuerpo erguido en toda su extensión y la cabeza en alto indican una personalidad desenvuelta y convincente. Tomarse el tiempo necesario para argumentar o para responder. Esto es imprescindible para no exponernos a una contestación errónea y sin sentido. Usar un tono adecuado. Los gritos, lejos de conceder la razón, restan seriedad y autoridad. Tampoco es favorable hablar rápido y en tono disonante porque es claro índice de ansiedad. Por otro lado, los tonos muy bajos y los titubeos generan sensación de inseguridad y timidez.

¡Qué hermoso es ver el día
coronado de fuego levantarse,
y a su beso de lumbre
brillar las olas y encenderse el aire!

¡Qué hermoso es tras la lluvia
del triste Otoño en la azulada tarde,
de las húmedas flores
el perfume aspirar hasta saciarse!

¡Qué hermoso es cuando en copos
la blanca nieve silenciosa cae,
de las inquietas llamas
ver las rojizas lenguas agitarse!

¡Qué hermoso es cuando hay sueño
dormir bien... y roncar como un sochantre...
y comer... y engordar... ¡y qué fortuna
que esto sólo no baste!

Gustavo Adolfo Becquer

39

Mereces vivir con tranquilidad

En nuestros días se ha tornado imposible alejarse del ruido, evitar que ingrese en nuestros hogares, en los lugares donde realizamos gimnasia o en la plaza que elegimos para ir a caminar y tomar sol. Esto hace que convivamos a diario con miles de sonidos estruendosos, invasivos y molestos que perturban la paz y el sano equilibrio, estresan, generan cansancio crónico y todo tipo de malestares. Nunca más que ahora se ha convertido en un imperativo hallar ese remanso para descansar, para apartarse de las bocinas, retumbos, alarmas, gritos y ruidos de máquinas. Tu paz física y mental dependen, en gran medida, de hallar ese espacio no expuesto a altos decibelios, donde puedas conversar con tu familia o pareja sin alzar la voz, donde logres conciliar el sueño sin tener que taparte la cabeza con una almohada para amortiguar los ruidos externos.

—¿Te das cuenta del proceso? (...) Las máquinas andan, se deterioran, hay que arreglarlas. Para arreglar o reponer se montan las pequeñas industrias, los talleres. Precisan asentarse, nadie regula, nadie dice dónde (...) se valorizan los huecos de casas y manzanas (...). Lo que entra allí es progreso, pero no está donde tendría que estar, porque todo, alrededor, se halla habitado, y la gente no puede ni dormir, ni comer, ni leer, ni hablar en medio del desorden de los sonidos.

El silenciero, de Antonio Di Benedetto

Colabora con el planeta

Si cuidas tu hogar, lo limpias, no permites que lo dañen o lo derrumben, ¿por qué no proteges también al lugar donde se erige tu casa... qué es el planeta? No estás flotando en el espacio, sino que trabajas, te diviertes, corres, caminas y duermes en la Tierra, por lo cual, si no tomas conciencia de ello y la perjudicas o no haces nada para defenderla, estarás actuando en contra de todo lo que has construido, en contra del lugar en donde viviste y vives. Empieza a diferenciar entre materiales no reciclables y reciclables, y opta por el empleo de estos últimos. Si debes adquirir productos para el hogar, verifica que no empleen químicos que afecten la capa de ozono. Cuando tengas que comprar un automóvil, estudia cuáles son los efectos que produce en la atmósfera y valora la posibilidad de comprarte un coche eléctrico. Participa activamente en la protección del medio ambiente. No olvides que lo que haces hoy, infaliblemente, influirá y moldeará el mañana. ¿Te imaginas viviendo en un mundo completamente tóxico, viciado, sin plantas ni animales? Pues si ése no es el mañana que quieres ver, empieza a interesarte en tu planeta y a colaborar con lo que puedas para sanarlo y para entender más sobre el daño que, consciente o inconscientemente, le puedes estar infligiendo.

Permítete disfrutar de la sexualidad

En este caos de presiones y estrés, es necesario darle el lugar y el tiempo necesarios al desarrollo de una vida sexual plena y gozosa. No debemos preocuparnos por la cantidad sino por la calidad y salir en busca del disfrute, del placer mutuo y de la conexión con ese *partenaire* elegido.

Cuando desconectamos de los sentimientos buenos y nobles y actuamos mecánica y egoístamente, tal como está tan de moda en la actualidad, se produce una distorsión del verdadero propósito y sentido de la sexualidad.

¿Qué tan feliz te puede hacer tener una maratón sexual con un completo desconocido al que después del orgasmo solo quieres decirle «muérete»? ¿Es eso una buena manera de relacionarse con otro ser o sólo una descarga pasajera? ¿Acaso no te brinda verdadero placer, además de la culminación, todo lo previo y posterior al sexo? Abrir un encuentro sexual con caricias, risas, buscando la reciprocidad, preocupándonos por la propia satisfacción y la del que tenemos a nuestro lado, hacen de la experiencia algo único y gratificante. Por otro lado, la comunicación es fundamental, ya que es sólo a través de ella que podemos manifestar nuestras preferencias y lo que nos disgusta, con lo cual se evitan situaciones realmente desagradables.

Recuerda que los estímulos más poderosos para un buen encuentro sexual son el enamoramiento, el romanticismo, el respeto por el otro… y el amor.

Acércate a gente que comparta tus inquietudes

¡Qué enriquecedor e importante puede ser compartir tus inquietudes con otros!

No es necesario que sean todos amigos inseparables, basta con compartir un interés, un propósito o una inquietud. Sobre todo, cuando uno se siente alejado de sus semejantes y le parece imposible entablar una amistad, estos grupos suelen ser una opción para integrarse socialmente. Puedes reunirte con gente que guste debatir sobre filosofía, historia o astronomía, salir a correr en grupo los domingos, sumarte a una ONG, juntarte para aprender a cocinar, tejer o restaurar coches antiguos... Si todo el tiempo te repites que tu vida es aburrida, que no hay nada entretenido para hacer y que te hallas en completa soledad, seguramente continuarás aislado y hastiado, porque desde el principio estás anulando toda posibilidad de conocer a otras personas y de vivir experiencias nuevas. Ponte en marcha hoy mismo, fíjate qué puede estimularte, qué puede movilizar tu interés y empieza tu búsqueda. Saber que hay gente que te espera, que necesita tu colaboración y disfruta tu compañía le dará esperanzas y fuerzas a tu vida.

La socialización sólo se presenta cuando la coexistencia aislada de los individuos adopta formas determinantes de cooperación y colaboración que caen bajo el concepto general de la acción recíproca.

Georg Simmel

Rechaza el pesimismo: tienes la fuerza para lograrlo

Podría decirse que el optimismo y el pesimismo son dos maneras antagónicas que tienen las personas de encarar la vida.

Mientra el primero es una disposición anímica que produce alegría y expectativas ante el futuro, el pesimismo es un estado de ánimo que sostiene una postura particularmente negra y trágica, y, desde el punto de vista psicológico, constituye uno de los síntomas más importantes de la depresión. Muchas veces suele ser producto de experiencias negativas, de una vida particularmente dura o pudo haber surgido como respuesta adaptativa incorrecta ante determinados eventos. Sea como sea, resulta una manera muy dura de vivir.

El pesimismo mata las esperanzas, sumerge en la desesperación y amargura, elimina la felicidad, enferma y deteriora la mente, el cuerpo y el espíritu.

Actualmente, la psicología propone sistemas para abordar este problema. Uno de ellos es la reestructuración cognitiva, una técnica cuyo objetivo es identificar, analizar y modificar las interpretaciones o pensamientos erróneos. También existen métodos que uno puede aplicar en lo cotidiano: Identificar las emociones e ideas que nos hacen sentirnos mal, analizarlas para ver hasta qué punto se corresponden con la realidad y en qué grado nos afectan, trabajar para corregirlas, hallar pensamientos alternativos (coherentes y positivos) para reemplazar a los negativos.

Recibe la energía positiva de la naturaleza

El entorno inmediato en el que vivimos está constituido por edificios, rascacielos, casas, negocios, calles, avenidas, autos, camiones, aviones, trenes, maquinarias y ruidos que enloquecen. Cada vez nos volvemos más artificiales y hacemos más amplia la distancia que nos separa de la vida natural.

Y lo cierto es que este alejamiento de la Naturaleza lentamente nos conduce a la enfermedad.

Acercarse, entonces, a una plaza, ir al campo o a otro ambiente natural comparable nos pone en contacto directo con los árboles, las flores, el sol, lo verde, el aire puro y esto hace que nos sintamos más vivos y saludables. Incluso, cuando no es posible salir al encuentro de estos lugares, una buena alternativa puede ser ocuparnos de nuestras mascotas o de aquellas plantas que tenemos en nuestro hogar, al renovarles la tierra, sacarles parásitos y regarlas. La Naturaleza es generosa, despliega una amplia gama de matices, aromas y belleza y nada pide a cambio. Aprovéchala… amarla es amarte.

Aunque el ingenio humano pueda crear todo tipo de invenciones jamás podrá invenciones varias a través de la ayuda de varias máquinas que responden al mismo fin, nunca producirá ninguna invención más bella, ni más simple, ni más apropiada que las que hace la Naturaleza.

Leonardo da Vinci

Deja de lado lo que te impida avanzar

Todos poseemos, en mayor o menor medida, una importante cantidad de proyectos que jamás hemos querido o podido concluir, cuestiones que quedaron «a medio resolver» y objetos que desde hace años dejamos de usar. Pues bien, de nada sirve acarrear asuntos pendientes y cosas inútiles porque sólo dificultan y retrasan nuestro avance por la vida.

Debes deshacerte de todo aquello que creas que no volverás a utilizar, no sólo porque ocupan un lugar importante dentro del hogar y quitan espacio a las cosas nuevas que quieres adquirir sino porque, y esto es lo más importante, pueden servirles a otros. Concreta esos planes trazados hace años o despréndete de ellos, ya que lo que tienes en tu mente como inacabado o pendiente solo te demorará, producirá angustia y te creará conflictos. Verás qué alivio y alegría te produce resolver esto.

Toma toda esa ropa, zapatos, mantas, libros, cuadernos, lápices, ollas arrumbados, a los que desde hace tiempo no les das utilidad y busca a quiénes favorecer con ellos. Hay mucha gente con serias carencias y dificultades económicas a la que puedes beneficiar dándoles esas prendas y artículos que no usas. Estarás solidarizándote con ellos y ayudándolos en su mal trance.

Mantente en contacto con tu fuente creativa

Los grandes directores de películas, los maestros de la música o los artistas como El Bosco no son los únicos «creativos». Cada uno, en mayor o menor medida, posee la capacidad de crear. Tejer una bufanda, escribir un cuento breve o construir una pequeña máquina. Éstas nos apartan de la rutina, de las imposiciones sociales, de las obligaciones y presiones y nos sumergen en nuestro mundo. Activan los pensamientos y sentimientos más íntimos, nos ponen en contacto con nuestras necesidades y canalizan esa energía positiva que produce, desarrolla y nos maravilla. Ponte a pensar qué cosas podrías hacer... ¿escribir?, ¿confeccionar ropa?, ¿diseñar zapatos o bolsos?, ¿inventar un programa más eficaz para comunicarte con tus amigos por Internet?, ¿construir una barbacoa más moderna para los asados de los domingos? Lo importantes es no postergarlo más, porque la creación es un juego que libera, entretiene, alegra y nos aleja de la rutina.

El proceso de creación... es el triunfo de la vida sobre la muerte, de la salud sobre la locura. Las contradicciones que habitan el contexto de la creación, es decir, su mundo externo, se van resolviendo sobre la marcha. Así es como lo siniestro se transforma en lo maravilloso, el contenido y la forma en su síntesis recrean una nueva estructura.

Pichón Riviere

Hazle frente al miedo

El miedo es una desagradable e intensa emoción que se siente cuando nos parece que estamos frente a un peligro o a una situación amenazante. A veces el miedo nos puede jugar en contra, pero otras nos puede evitar disgustos.

De modo que para saber exactamente cómo actúa el temor en ti, tendrás que reflexionar lo siguiente: con qué frecuencia se presenta, si hay una correlación lógica entre su intensidad y el «supuesto riesgo», si se basa en hechos reales o imaginarios y cuáles suelen ser sus consecuencias. Poder responder claramente a estos puntos será fundamental para evaluar si necesitas trabajar para acotar y debilitar a ese miedo o si funciona correctamente y en su justa medida. Si luego de este análisis compruebas que el temor actúa de manera desproporcionada en tu persona y su influencia sólo te paraliza o hace que actúes erróneamente, deberás prepararte para un trabajo arduo y sin pausas, ya que el miedo desmedido es un enemigo formidable. Hacer terapia, estar alerta a su posible influencia, aprender a controlarlo y darle el lugar que le corresponde deben ser labores habituales en tu vida cotidiana. La buena noticia es que con constancia y voluntad férrea se puede lograr tenerlo de aliado en vez de como adversario.

El miedo es natural en el prudente, y el saberlo vencer es ser valiente.

Alonso de Ercilla y Zúñiga

Maneja eficientemente el tiempo

La mayoría se queja sin cesar que no le alcanza el tiempo para todo lo que deben y quieren realizar. Se oye aquí y allá: «no pude terminar de ordenar la casa», «hice tantas cosas que no llegué al médico», «ya era muy tarde para llamar a mi amigo», y millones de explicaciones más. Sin embargo, el problema no es la cantidad de tiempo que tenemos para cumplir con nuestros compromisos sino la manera en que lo administramos. De modo que se hace necesario, a esta altura, trazar un plan.

Una forma es confeccionar una breve lista de tareas prioritarias que debemos desarrollar y finalizar en el día, y luego, asignarles tiempos de dedicación sin interrupción alguna, intercalando lapsos de descanso, también estipulados de antemano. De este modo, sin cortes innecesarios, tendremos la posibilidad de concentrarnos mejor en lo que estamos haciendo, con lo cual evitaremos errores y finalizaremos más rápido. Cuando nos manejamos de esta manera, sin parar setecientas veces para tomar una infusión, revisar el correo o acomodar una prenda que estaba fuera de lugar, nos será posible concretar aquello que tanto urgía tener resuelto. Esto, además de organizarnos y gratificarnos nos servirá para tener a nuestra disposición más momentos libres para divertirnos, pasear, ver una película o sencillamente descansar.

Es importante madurar antes de buscar pareja

Todos deberíamos tener en claro que para vivir en pareja es indispensable, primero, estar bien con uno mismo. Se hace «muy cuesta arriba» convivir con otra persona, armoniosamente, en paz y alegría, si se está desequilibrado y con miles de conflictos internos sin resolver.

Muchas parejas se forman a partir de la imposibilidad de los individuos para afrontar la vida solos y buscan en esa unión la tranquilidad y la fortaleza que no hallan por sí mismos. Así armado el nuevo núcleo familiar, con el correr del tiempo, comienzan a surgir roces, celos, negligencias, salen a la luz formas de pensar poco adecuadas para la situación, y se producen todo tipo de peleas. Estas consecuencias se deben a que la búsqueda de compañero o compañera no estaba orientada a compartir la existencia sino a llenar ese espacio de soledad, de desazón que nos estaba angustiando.

Si deseas hallar a ese camarada, compañera o compinche de la vida, deberás crecer y fortalecerte emocionalmente, como primer paso. La búsqueda debe basarse en un deseo de dar, de acompañar, no de recibir o quitar. Piénsalo… de ello dependerá la felicidad de ambos.

Tú eres lo que piensas

Que nuestra vida nos resulte tediosa o maravillosa depende en gran medida de los ojos con que la miremos. El punto de vista, tu punto de vista puede cambiar la realidad que te rodea. Puedes optar por mirar el vaso medio vacío o medio lleno y esa decisión guiará tu destino. Si tienes la seguridad de que todo lo que te sucede es aburrido, triste y rutinario, aunque te encuentres frente a algo maravilloso, lo menospreciarás, no estarás en posición de valorarlo. Te has programado para una ceguera bastante selectiva que desecha todo aquello que da esperanza y alegría. Si tienes la mirada enturbiada por pensamientos negativos, no tendrás posibilidades de disfrutar de aquellas cosas bellas que seguramente a diario se te presentan. Deja de lado los prejuicios y temores, o por lo menos, mantenlos «a raya», e intenta descubrir el lado positivo de cada hecho que se te aparece. Si te enojas porque llueve no podrás disfrutar el verdor que se genera en un jardín tras la tormenta. Siéntete merecedor de una vida digna, plena y feliz.

Hay dos maneras de vivir la vida: una como si nada fuera un milagro, la otra es como si todo fuera un milagro.

Albert Einstein

Redescubre los paisajes que te rodean

La gente que vive en la ciudad, entre edificios, casas, avenidas, calles, comercios suele desaprovechar un sinnúmero de paseos y propuestas que se ofrecen en ella: restaurantes, bares donde sirven riquísimos y variados cafés y tés, visitas guiadas a museos, obras de teatro, films en salas bellísimas de cine, diferentes actividades organizadas en bibliotecas, clubes y centros culturales, por mencionar a algunos. Basta navegar por Internet o darle una ojeada a las agendas de los diarios para ponerse al tanto de todas las ofertas. Quizá estas propuestas no sean tan relajantes como caminar por una playa o un bosque, pero tienen su encanto. Asistir a una buena representación, ver una película magistralmente dirigida y producida, recorrer un lugar donde vivió una personalidad importante de nuestra historia, concurrir a debates, apuntarse a cursos y seminarios, son posibilidades estimulantes y enriquecedoras. Se trata de explorar el lugar en el que vivimos y descubrir lo que hay en él para entretenerse, para pasar un buen momento y conocer gente nueva. No es buena opción quedarse en casa encerrados y aburridos o frente al televisor, cuando hay tanto por ver a nuestro alrededor.

El camino está por recorrerse, todo paso es distinto, único y esencial. Es la exploración a través de nuestros sentidos intentando desmenuzar el entorno para interiorizarlo.

Jorge González Moore

Ama a tu cuerpo, no lo maltrates

Es posible que tú hayas pasado o pases por esta situación. Asistes con frecuencia al médico porque sientes, regularmente, molestias y dolores, y luego del examen te dicen que no tienes nada o que no hallan una enfermedad orgánica específica que pueda ser la fuente del problema.

Lo cierto es que muchos presentan síntomas de cansancio físico crónico, dolores, inflamaciones, náuseas, debilidad, somnolencia, jaquecas o mareos y se la pasan circulando por diferentes especialistas médicos sin ningún tipo de resultado positivo. Terminan sintiéndose mal consigo mismos por no entender qué les pasa, por no poder manejarlo bien, y con los que están a su alrededor porque no los entienden y no los pueden ayudar.

Actualmente, la medicina tiene otra visión de la cuestión y ha llegado a la conclusión de que estas dolencias (no basadas en enfermedades físicas comprobables) poseen un fuerte componente psicológico, con lo cual la solución podría hallarse, no en tratamientos alopáticos sino psicológicos. Si sientes que éste es tu caso, primero ve a tu doctor para descartar problemas físicos concretos y, de no encontrarse éstos, asegúrate de asistir a sesiones de terapia psicológica. Si te es posible, compleméntala con homeopatía, yoga y alimentación equilibrada. Los resultados a veces tardan en aparecer, pero con perseverancia se verá una mejoría.

¡Fuera tensión!
Practica diariamente Bhastrika

Si puedes, entre tarea y tarea, haz un alto en el camino para practicar un tipo de respiración llamado Bhastrika. Aporta vitalidad y es una excelente forma de sacarse esa tensión que normalmente se acumula por el trajín y las presiones. Veamos cómo es la técnica: Siéntate en una posición cómoda y relajada pero con la columna bien derecha. Siempre es preferible hallarse en un lugar donde no puedan interrumpirte. Cierra los ojos. Inhala y exhala 10 veces seguidas por la nariz. Acto seguido haz una inhalación profunda y retén la respiración tanto como te sea posible para, posteriormente, exhalar despacito por ambas vías nasales. Descansa. Vuelve a realizar este tipo de respiración dos veces más. Con el tiempo, deberás ir incrementando el número de repeticiones.

Recomendaciones y beneficios

Este ejercicio no debe producir mareos o problemas en la respiración, si así fuera, deberás interrumpir su práctica. Si tienes problemas de corazón no hagas Bhastrika. Evita respirar violentamente o de manera entrecortada porque daña a tu organismo. Si regularmente te ejercitas estarás purificando tus pulmones, tonificarás el sistema nervioso, te aportará energía positiva, combatirás la fatiga y te serenarás.

Aliméntate sabiamente

En el trabajo comemos rápido y mal; en casa, no prestamos atención a la adecuada preparación de alimentos; en fiestas o cenas con amigos (en las que hay montones de bebidas y cosas ricas, pero nada sano), no nos contenemos y probamos de todo.

Pasado un tiempo nuestro cuerpo es un caos: flatulencias, estómago hinchado, problemas para evacuar bien, dolores y ardores estomacales y dolores de cabeza.

Empieza a controlar lo que consumes, tanto líquidos como sólidos, no te olvides que son el combustible del cuerpo. Si tú ingieres «comida chatarra», tu cuerpo no podrá responder como lo necesitas.

Comienza a incorporar vegetales y frutas en tus cenas y almuerzos diarios. Si estás en el trabajo, en vez de comprarte una hamburguesa, elige un yogur o una porción de queso junto con una fruta para satisfacerte. Si te gusta tomar alcohol, modera la cantidad que bebes. Los médicos dicen que un vaso de vino diario no hace mal sino que aporta ciertos beneficios.

Toma de dos a tres litros de agua por día… te ayudará con la digestión, desintoxicará tu organismo, te brindará excelentes beneficios a tu piel y conseguirás que tu sistema urinario funcione sin problemas.

Prográmate para el éxito

La profecía autocumplida es una expresión emplea-da por el sociólogo Robert Merton para referirse a aquellas predicciones que, una vez hechas, son en sí mismas la causa de que se hagan realidad. Veámoslo más claro con este ejem-plo: Tú dices... «seguro que si me como esas frituras maña-na me sentiré mal». Lo que sucederá seguramente es que al día siguiente te sentirás mal, pero no por haber comido esos fritos sino porque te predispusiste para que te hicieran daño. Merton explicaba: «La profecía que se autorrealiza es, al principio, una definición "falsa" de la situación que despier-ta un nuevo comportamiento que hace que la falsa concep-ción original de la situación se vuelva "verdadera"».

De modo que es fundamental no predestinarse de esta manera, no realizar formulaciones que vaticinan desastres o problemas porque es una manera infalible de focalizarse hacia lo negativo, hacia el fracaso, hacia la infelicidad, es decir, de atraer justamente aquello que debemos o quere-mos evitar. Haz siempre pronósticos afirmativos, date la oportunidad de pensar bien; y si crees en que lo que estás haciendo en este momento, lograrás que tenga un desenla-ce exitoso.

Teorema de Thomas
Si una situación es definida como real, esa situación tendrá consecuencias reales.

Dos máximas que deben guiarte: confianza y lealtad

La infidelidad, por duro que suene, se trata de una traición a la persona amada. Esta situación puede resultar tan dolorosa y humillante que, en muchos casos, provoca la separación definitiva de la pareja. Con la infidelidad se destruye la confianza y todos aquellos valores que vertebraban y fortalecían la relación y, por lo tanto, recuperar el vínculo perdido posiblemente requiera mucho trabajo, comprensión y amor.

¿Cómo evitarla?

- Teniendo una buena comunicación.
- Luchando juntos contra la rutina.
- Respetando al compañero.
- Siendo detallista con la pareja. Los presentes, las caricias y mimos jamás se deben dejar de lado.
- Haciendo sentir al otro querido y deseado.
- Experimentando cosas nuevas y atrevidas.
- Verbalizando y materializando el amor.
- Evitando comparaciones y juicios críticos.
- Confiando.
- Apostando a un futuro juntos.
- No asfixiando. La libertad individual debe ser protegida y respetada.
- Mimando y buscando placeres mutuamente.

- Hablando de temas que no se relacionen solo con el hogar, el trabajo o los niños.
- Hallando momentos de intimidad.
- Repasando las metas y objetivos que tienen en común y por separado.
- Recordando esta máxima: NO hagas no lo que no te gusta que te hagan a ti.

El no hacer

Si un hombre quiere darle forma al mundo, modelarlo a su capricho, difícilmente lo conseguirá.

El mundo es un jarro sagrado que no se puede manipular ni retocar.

Quien trata de hacerlo, lo deforma.

Quien lo aferra, lo pierde.

Por eso el sabio no intenta modelarlo, luego no lo deforma.

No lo aferra, luego no lo pierde.

Hay quienes marchan adelante, hay quienes marchan atrás.

Hay quienes permanecen callados, hay quienes hablan.

Algunos son fuertes, otros débiles.

Algunos medran, otros perecen.

Luego el sabio rechaza el exceso, la extravagancia y la propia complacencia.

Lao Tse

Amplía tus horizontes geográficos

Aprender idiomas es una manera bastante divertida para ampliar nuestros horizontes intelectuales y geográficos. No se trata solamente de asimilar nuevos vocablos o reglas gramaticales, sino de conocer la cultura de otros pueblos: cómo visten, cómo piensan, en qué creen, qué comen, cuáles son sus rituales, cuáles sus formas de relacionarse, etcétera. Cuando estudiamos italiano, inglés, francés, alemán, japonés o el idioma que más nos guste o necesitemos aprender, juntamente con ello, vemos las costumbres, modos, gustos, aspectos religiosos y sociales de la gente que lo tiene como lengua materna, por mencionar sólo algunas de las numerosas cuestiones que un idioma implica. Otro punto importante para destacar es lo gratificante que puede ser leer un libro en su idioma original o entender una película sin subtítulos.

Hay en el mercado actual una oferta impresionante de cursos y seminarios (presenciales y a distancia) que, además de enseñar, ampliar y perfeccionar nuestro repertorio idiomático, organizan distintos itinerarios por el mundo para poner en práctica nuestros conocimientos del idioma y, además, nos vincula con gente nueva que comparte los mismos intereses.

Cada idioma es un modo distinto de ver la vida.

Federico Fellini

Ordena las prioridades

Todos hacemos, diariamente, mil cosas. Algunas, por su simplicidad, las resolvemos en minutos; otras, en lapsos más extensos; y una gran cantidad de ellas pasan a formar parte de las eternamente postergadas. Lamentablemente, en este último grupo suelen quedar, a veces, cuestiones tales como asistir al médico, renovar un documento o concluir un curso que nos puede ayudar a ascender en el trabajo. Si te pasa esto, es que debes empezar a plantearte cómo administrar tus compromisos. Una manera muy eficaz de resolver el problema es empleando el «todos los días tres». ¿Cómo funciona? De la siguiente manera:

Cómprate una agenda, tómate un tiempo y anota allí todas las cosas que se te ocurren que deberías hacer o finalizar. Ponles un número de orden de acuerdo a su importancia. Agrúpalas de a tres y distribúyelas en tu agenda, día a día. La idea es que sólo lleves a cabo esas tres, ni más ni menos. Recuerda que cada tarea que anotes debe ser concreta, posible y mensurable. Si concluyes la cantidad estipulada, no adelantes otras; usa ese tiempo para divertirte y relajarte. Pero tampoco te quedes en dos, a menos que sean tareas altamente demandantes o que requieran atención especial. Cuando se presentan esos casos, deberás considerar poner en el día sólo dos actividades y seguir distribuyendo el resto por tríos. Si te acostumbras a manejarte de esta manera, verás qué bien te organizas y cómo logras optimizar tu tiempo.

Con la música puedes levantar el ánimo

Desde la Antigüedad se han alabado los excelentes efectos que produce la música, no sólo en el hombre, sino en las plantas y los animales. Ya nadie pone en duda que ésta actúa positivamente tanto en el plano físico, como en el mental y en el espiritual. A través de diversos experimentos se ha logrado comprobar que determinados sonidos y ritmos influyen de manera directa en las funciones de nuestros órganos. Las sinfonías tranquilas y armoniosas, por ejemplo, son excelentes para relajar los músculos y normalizar la presión y la respiración.

También se ha demostrado que cada persona posee una especial sensibilidad hacia un tipo de melodía, la cual le genera un estado de ánimo particular. Cada vibración ejerce un efecto específico, y las sutiles diferencias en las escalas musicales logran que quienes las escuchen experimenten diversas sensaciones.

Por eso es importante que comiences a explorar qué música es mejor para ti. Prueba de todo... clásica, *new age*, folclórica, melódica, étnica. Intenta ver cuáles te son más gratas, cuáles te apaciguan, cuáles te ponen feliz o te cargan de energía, y una vez clasificadas, aprende a aplicarlas en cada situación de tu vida.

Aprender de tus errores

A nadie le gusta equivocarse pero no dejamos de meter la pata a diario. Nos enoja y aflige errar, y, aun así, lo hacemos sin cesar. Somos seres humanos y, como tales, imperfectos. Pero si bien no podemos esquivarlos, sí podemos aprender y crecer gracias a ellos. Cuando cometemos un error debemos analizar por qué sucedió, qué lo originó y cuáles fueron sus consecuencias, para que en el futuro no nos ocurra o, por lo menos, para que no nos perjudique con la misma intensidad. Es convertir algo negativo en una posibilidad de crecimiento. Pero debemos tener cuidado con las interpretaciones que hagamos, porque de hacerlo incorrectamente, nos puede conducir a uno mayor. Es el caso de esas personas que, luego de un fracaso amoroso, se lanzan a una cruzada en contra del amor y la convivencia. Cuando uno estudia sus errores, a conciencia, con detenimiento, no se precipita a enunciar sentencias radicales y reduccionistas, sino que capitaliza ese aprendizaje y lo utiliza positivamente para dirigir su futuro.

Debemos tener cuidado al extraer de una experiencia solamente la sabiduría que contiene, y detenernos; no seamos como el gato que se sienta sobre la estufa caliente. Nunca volverá a sentarse sobre una estufa caliente (y eso está bien); pero tampoco volverá a sentarse sobre una fría.

Mark Twain

Descubre al artista que hay en ti

Carl Gustav Jung, fundador de la escuela de psicología analítica, sostenía que mediante la expresión creativa podían hacerse conscientes imágenes que ayudaban a la autocomprensión y transformación del individuo. De hecho, terapeutas de diversas disciplinas ven, actualmente, el arte como un modo de canalizar y liberar lo que bulle en nuestro interior.

Los colores, texturas y materiales son excelentes herramientas para plasmar una amplia gama de ideas y emociones: miedos, conflictos, anhelos, frustraciones, expectativas y ansiedades. El arte es visto, así, no sólo como un acto lúdico y creativo sino como una vía terapéutica, un método de sanación, de expresión emocional y desarrollo personal. No pocos han podido, gracias a él, disminuir sus niveles de estrés y ansiedad, mejorar su salud psíquica y física, abrirse a otras formas de expresión y comunicación. Cada obra es una ventana abierta a nuestro mundo interno que nos ofrece la posibilidad de contemplarlo, analizarlo y hacerle retoques para mejorarlo.

Comienza a comprar tus pinceles, telas, óleos, arcilla, lo que desees usar, vuelca allí lo que te salga, sin criticar o comparar con otras creaciones. Libérate de la mirada ajena y lánzate a jugar y a crear sin restricciones.

Los espejos se emplean para verse la cara, el arte para verse el alma.

George Bernard Shaw

Trasmite una imagen de fuerza y vitalidad

Si no tienes un problema específico de salud en tu columna, ya es hora de corregir esa postura encorvada que da aspecto de cansancio y te genera tantos malestares. Veamos cómo solucionar este problema:

Ubícate delante de un espejo y observa tu postura habitual, primero, y luego, mírate con la columna bien derecha. Te darás cuenta que hay una diferencia notable entre ambas. Cuando te yergues, das una imagen de autoconfianza y vitalidad; cuando no lo haces, tu aspecto sugiere una personalidad deprimida y cansada.

Entonces… párate bien erguido con los brazos a los costados y la frente en alto (sin exagerar). Lleva los hombros hacia atrás, sin subirlos. Contrae los músculos de la espalda (a la altura de los omóplatos). Verás que quedas en una posición *como sacando pecho*. Una vez fijada esta posición, relájate unos segundos y vuelve a hacerlo. Hazlo de manera consciente. Repite varias veces estos movimientos a diario. A lo largo del día, verifica cómo caminas y corrige tu espalda. Verás que no sólo brindas otra imagen sino que lentamente esos dolores molestos y contracturas empiezan a desaparecer. Es fundamental, además, durante la jornada, hacer pequeñas series de movimientos con el cuello para descontracturarlo. Nunca deberán ser violentos, rápidos o pronunciados, sino lentos y delicados. Esto te generará un rápido alivio en la zona y sensación de relajación.

Los colores influyen en tus emociones

Aunque cada uno tenga colores preferidos, está claro que el estado de ánimo nos inclinará hacia una tonalidad u otra. Por ejemplo, si repentinamente cambiamos las gamas con las que solemos vestirnos, podemos estar diciendo algo acerca de nuestra situación emocional. Pero el color, más allá de delatar un estado anímico, puede emplearse para cambiarlo. ¿Cómo es esto? Existe un método denominado cromoterapia, que se halla dentro de las terapias alternativas, mediante el cual, con la utilización de la energía de la luz a diferentes frecuencias, es decir, los colores, se logra influir directamente en las emociones de los individuos. Veamos algunos ejemplos: El azul es apropiado para personas ansiosas o nerviosas, ya que proporciona calma; el amarillo es muy útil como antidepresivo; el naranja transmite vitalidad; el rojo estimula el deseo y prepara para la acción; el verde posee un efecto sedante y es muy recomendable para personas ansiosas y con insomnio; el negro, en cambio, se debe evitar cuando la persona está deprimida y triste.

Asegúrate, pues, de encontrar los colores que más se adecuen a tus necesidades, no solo en tu vestimenta sino en tu hogar y en tu lugar de trabajo.

Siempre expresa gratitud

La gratitud es una forma consciente de reconocimiento de un beneficio que se ha recibido de alguien. Lamentablemente, lo más común es decir «gracias» vacío de contenido y sentimiento. Se pronuncia de manera automática, sin volcar allí el verdadero valor que tiene que poseer. La gratitud debe ser algo más que sólo decir unas palabras, debe transmitir aprecio por lo que han hecho por nosotros. Tampoco se puede confundir con «el gesto de devolver el favor», es decir, «tú me hiciste un regalo, yo te haré otro», porque el agradecimiento no es un bumerang; no se trata de una cuestión comercial, como si fuera una deuda, sino que tiene que ver con la capacidad de reconocer la generosidad ajena.

El reconocimiento debe surgir del corazón, del respeto por lo que nos brindó el otro.

Es fundamental aprender a valorar apropiadamente esa ayudita que nos dieron, ese apoyo oportuno que nos brindaron, ese favor que nos concedieron… no todos están dispuestos a colaborar y a actuar desinteresadamente. Así que cuando recibas una ayuda agradece sinceramente, reconoce el esfuerzo que alguien hizo para colaborar contigo. De esta forma ganarás amigos para toda la vida.

La gratitud es una flor que brota del alma.

Henry W. Beecher

Canaliza las emociones a través de la escritura

A igual que componer música, pintar un cuadro, representar una obra o danzar, la escritura puede verse como un acto liberador mediante el cual manifestamos todo ese caos que llevamos dentro. Muchos psicólogos sostienen que expresar las emociones, cualquiera sea la manera, es vital para la salud física y mental. De hecho, existe la «Terapia de diario o Terapia de escritura expresiva», práctica complementaria de la psicoterapia, que consiste en plasmar en el papel todos esos temores, ansiedades, angustias, esperanzas y conflictos para comprenderlos y manejarlos de manera más efectiva. Nada mejor que la intimidad del cuaderno o la agenda para volcar allí lo que pensamos y nos pasa. Se trata de un excelente recurso porque nos brinda la posibilidad de ordenar nuestro mundo interior. Lo bueno de esta técnica es que tiene el potencial de ayudar a las personas a convertirse en sus propios terapeutas.

Toma nota: *Este tipo de escritura debe desarrollarse de forma ininterrumpida, sin tomar en cuenta la ortografía o la sintaxis porque eso distrae del objetivo, que es* *explorarnos, analizarnos. Volver a leer lo que has escrito forma parte importante de este proceso, ya que con cada lectura aprendes e interpretas algo nuevo de ti mismo.*

Consejos

1
Este amor que quiere ser
acaso pronto será;
pero ¿cuándo ha de volver
lo que acaba de pasar?
Hoy dista mucho de ayer.
¡Ayer es Nunca jamás!

2
Moneda que está en la mano
quizá se deba guardar:
la monedita del alma
se pierde si no se da.

Antonio Machado

¡Vive con entusiasmo!

El entusiasmo es la exaltación del ánimo, un estado de fe y una afirmación en sí mismo. Es el motor que nos impulsa a realizar acciones, concretar proyectos, a querer cambiar para vivir mejor.

Cuantas más cosas nos atraigan o llamen nuestra atención, más ganas tendremos de buscar experiencias nuevas y materializar deseos. Sin embargo, hay gente que afirma que nada le interesa, siente que todos sus días son iguales y que nada despierta su curiosidad. En esos casos, no hay que quedarse con los brazos cruzados y esperar que ocurra un milagro; se debe luchar contra ese desencanto, contra esa apatía y salir a explorar. Hay que probar todo lo que esté a nuestro alcance: disciplinas deportivas, cursos y seminarios de todo tipo, viajes, excursiones, artes, prácticas religiosas, idiomas, rituales… todo vale para hallar aquello que nos procure ese encanto tan necesario para motivarnos. No se deben bajar los brazos. Lo importante es descubrir «algo» que nos movilice. Quien está entusiasmado, se esfuerza para salir adelante y exhibe una actitud positiva, ya que tiene un objetivo por cumplir.

Para mí el desencanto es una enfermedad que, desde luego, puede ser inevitable debido a las circunstancias, pero que, aun así, cuando se presenta hay que curarla tan pronto como sea posible, y no considerarla una forma superior de sabiduría.

Bertrand Rusell

Presta atención a tu salud

A partir de los treinta años es fundamental realizar determinados controles médicos. Hacerse chequeos permite detectar oportunamente algunas enfermedades, incluso aquéllas que aún no han presentado sintomatología. Estos exámenes se harán de acuerdo con la edad y características de cada persona. Fumadores, gente con problemas de obesidad o de presión, asmáticos, o aquellos que ya posean enfermedades diagnosticadas tendrán que llevar un control más riguroso y específico que el resto.

Los chequeos incluyen, normalmente: una primera entrevista con el médico de cabecera o clínico quien será el encargado de recomendarte la lista de exámenes que deberás hacerte. Éste, para confeccionar una historia clínica completa, te tomará la presión, te pesará, te preguntará si tienes familiares cercanos con alguna enfermedad, el tipo de alimentación que llevas, si tu estilo de vida es sedentario o practicas deportes y si padeces dolencias o malestares. Luego seguirán las pruebas de laboratorio, como análisis de sangre y orina. Es probable que se continúe con ecografías, exámenes oftalmológicos y cardiológicos. Con los resultados ya en tus manos, deberás volver al médico para que pueda confirmarte si estás en perfecto estado de salud o si necesitas seguir más de cerca algún problemita que se ha detectado. Tomar estas precauciones hará que podamos vivir sin complicaciones extra y con buena salud.

Trabaja para ser amable y respetuoso

Ser amable significa ser afectuoso, tanto con uno mismo como con los otros (personas, animales, plantas). Es una forma de tratar dulcemente, con cariño y respecto. La verdadera amabilidad, la que surge del sentimiento, de la madurez emocional y de un espíritu generoso y amoroso, busca un acercamiento afectivo con todos los seres, y es diferente de la amabilidad que nace de las normas sociales, cuya finalidad es la convivencia ordenada con los otros y la adecuación a las reglas. Ser amable es una forma de ser y comportarse, es una actitud que sale espontáneamente y que produce felicidad tanto al que así se comporta como al destinatario. La amabilidad teje lazos y dulcifica la existencia, tanto la nuestra como la ajena.

La particularidad del individuo amable es que no trata de imponerse a otros, no atropella sino que da lugar, no alardea ni desea disminuir a quien tiene cerca, calla cuando se le habla y no interrumpe al interlocutor, ayuda si le es posible y respeta todo aquello que se halla en su entorno.

Trata de ver en tu interior y pregúntate cuán amable eres. Comienza a trabajar en tu carácter, en tu persona, para ser más cordial y considerado con tus allegados. Verás que este cambio te reportará enormes beneficios emocionales.

Actúa con mesura y equilibrio

Qué difícil es mantener un justo equilibrio, sin inclinarnos a un extremo u otro. El medio, la moderación, la medida adecuada de cada acto que realizamos es el camino correcto a una existencia plena y alegre. Sin embargo, lo frecuente es inclinar la balanza de uno u otro lado. Los seres humanos nos caracterizamos por ello. Constantemente vemos personas que quieren adelgazar y se torturan con dietas insoportables que, a la larga, culminan con contraproducentes consecuencias, lo mismo con quienes desean tener cuerpo escultural, por lo que se someten a arduas jornadas de ejercicios que terminan lastimando sus músculos y huesos; hay muchos más ejemplos.

Es imposible vivir de este modo. Por tanto, hay que perseguir un modo de vida equilibrado, ajustado a nuestra realidad y posibilidades. Los extremos son malos, nos llevan al límite de nuestras capacidades, nos sobrexigen y lastiman. Las personas insensatas se precipitan hacia lo exagerado y se esfuerzan tanto que deterioran seriamente su calidad de vida.

Intenta hacer todo lo que deseas pero con mesura, respetándote y amándote. No seas brusco y extremista, siempre dirígete hacia tus metas, pero dulcemente y con armonía.

La virtud es una disposición voluntaria adquirida, que consiste en un término medio entre dos extremos malos, el uno por el exceso y el otro por el defecto.

Aristóteles

La solidaridad como terapia y filosofía de vida

Hay un texto breve de Antón Chejov llamado *Tristeza* que narra la historia del cochero Iona, un hombre solitario con una historia dolorosa que ninguno está dispuesto a oír. A cada pasajero trata de contarle el sufrimiento que siente porque su hijo ha muerto recientemente, pero nadie está interesado en escucharlo; todos quieren llegar a destino y rápido. Al final de la jornada, Iona se da cuenta de que al único que podrá relatar lo que siente es a su compañero de trabajo: su fiel y viejo caballo.

Este relato cruel pero verosímil es un excelente ejemplo de lo que vemos a diario. Gente que está tan atribulada por «sus» asuntos, por «sí misma», que no deja ni cinco minutos de su vida disponible para escuchar a quien lo necesita. Están tan enfrascados en sus necesidades que no se percatan del dolor ajeno. Ese egoísmo hace que ignoren lo que le pasa a los otros y se desentiendan de sus aflicciones. Lástima que de esa forma se va construyendo todo un mundo… de individualismo, egocentrismo y apatía. Lucha para que ese mundo en el que vives sea más generoso y solidario. Busca hacer el bien y ayudar a los otros. Recuerda… la vida es un entramado complejo de experiencias, relaciones, destinos, y todo el bien que hagas, tarde o temprano, te volverá.

Receta para convivir con los hijos de tu pareja

Él tiene cuarenta y tres años y dos hijos adolescentes; ella, cuarenta, y una hija pequeña. Los dos desean vivir juntos. Ambos tendrán que conversar con sus hijos y establecer normas para vivir en armonía.

Cuando la pareja está completamente decidida a dar el paso, lo primero que se debe hacer es hablar con los niños para explicarles la nueva situación. Luego aclararles que el amor hacia ellos no cambiará, y que la nueva compañera o compañero no debe ser visto como un rival sino como un aliado que no intentará tomar el lugar de su padre o madre.

El establecimiento de normas de convivencia será fundamental y no deberán permitirse faltas de respeto o extralimitaciones de ninguna de las partes.

Si los niños u adolescentes se mostraran reacios a la nueva relación, será de gran ayuda un poco de comprensión y mucha charla: hay que ser amables y cariñosos con ellos, y dejar que el tiempo haga lo suyo.

Si uno de los dos (de la pareja) comenzara a desligarse de obligaciones y cargárselas al otro, será imprescindible conversarlo y encausar las cosas como correspondan, redistribuyendo y estableciendo deberes y derechos.

Lo fundamental es que la pareja esté muy unida y que formen un frente común para dialogar con los chicos, poner reglas y solucionar situaciones críticas.

Carpe diem

Permanentemente recordamos tiempos pretéritos o imaginamos el futuro; mientras, el presente se esfuma de nuestras manos...

Si bien es un eslogan trillado el famoso «vive el ahora» o *Carpe diem*, pocos son los que cumplen con la consigna. La mayoría corre denodadamente detrás de algunas metas específicas y no se dan lugar a saborear el instante, lo que están haciendo y aprendiendo, y apenas alcanzan los objetivos que se propusieron, se lanzan inmediatamente hacia nuevos desafíos. Vivir de este modo es atormentador.

El secreto de la felicidad es no postergarla sino experimentarla segundo a segundo y a través de cada pequeño detalle. Para ello es indispensable reconocer profundamente el valor de todos los seres y cosas que nos rodean y del inexorable avance del tiempo.

No debemos depositar todas nuestras expectativas en el futuro... La vida transcurre en un instante y de esos instantes se arma nuestra existencia. No apreciarlos es desechar lo que somos o construimos.

La expresión latina Carpe diem, *concebida por el poeta Horacio, significa cosecha el día y con ella se hace referencia a la importancia del aprovechamiento del tiempo para no malgastar ni un segundo.*

La risa es el mejor antídoto contra la tristeza y la depresión

La risa es la mejor terapia contra la tristeza, el aburrimiento y la depresión. A través de sucesivos estudios se ha podido comprobar que ésta produce sinergias positivas en el cuerpo y en los estados emocionales. De hecho, un doctor estadounidense, Patch Adams, conocido por la interpretación que hizo de su vida el actor Robin Williams, podría considerarse el padre de la risoterapia. Este médico promueve la risa (y por ende la alegría) como un método alternativo de sanación.

¿Cómo no depositar expectativas en un recurso que tenemos tan a mano y que por cierto es gratuito?

La idea es sonreír para concedernos un momento de alivio, para relativizar y quitar peso a aquello que tanto nos agobia, reírse de uno mismo, de cosas que suceden a nuestro alrededor, de cuestiones que parecen muy relevantes y que en realidad no lo son. Actualmente existen talleres y cursos en donde se organizan juegos y todo tipo de actividades para sacarnos de ese lugar de adultos serios y convertirnos en niños que no le temen al ridículo ni a divertirse inocentemente, y que no necesitan estar pendientes de la mirada ajena.

Consejo: Ten a mano libros, películas, series que te diviertan, practica eliminar ese rictus facial de pesadumbre e intenta poner en su lugar una expresión de alegría, y, sobre todas las cosas, aprende a desdramatizar las situaciones de la vida.

Sé flexible como un junco y no rígido como un ciprés

Ser flexible es adecuarse, adaptarse a las circunstancias. Aquellos que poseen carácter flexible son tolerantes y respetuosos. Los intolerantes, en cambio, son rígidos, fundamentalistas y sumamente críticos. Estos individuos que tratan de que todo se amolde a sus reglas y principios (duros como un suelo de cemento), no solo perjudican a los que tiene a su alrededor sino a sí mismos, porque no se permiten errores, no perdonan sus propias equivocaciones y viven autoflagelándose con sus propias normas internas que, en la mayoría de los casos, no se corresponden con la realidad. Generalmente se trata de personas que perciben el exterior como algo amenazante, informe, impreciso que les genera inseguridad, por lo cual, precisan desesperadamente tener a su disposición estos preceptos rígidos que le dan, hasta cierto punto, un marco de contención y de seguridad. Es más fácil para ellos manejarse en esa «realidad a la carta» que en la vida real, tan compleja y cambiante.

Una persona madura acepta los cambios y admite puntos de vista diferentes al suyo. Aprende de lo diferente y crece gracias a ello. Se trata de una habilidad, de una capacidad para asimilar su entorno y vivir en armonía con él. Lao Tse decía: «Imita al agua, que todo lo vence porque a todo se amolda».

Dijo Mahatma Gandhi:

Cuida tus pensamientos,
Porque se transformarán en actos,
Cuida tus actos,
Porque se transformarán en hábitos,
Cuida tus hábitos,
Porque determinarán tu carácter,
Cuida tu carácter,
Porque determinará tu destino,
Y tu destino es tu vida.

Ante todo, sé coherente

Quien más, quien menos, todos poseemos gustos, creencias y reglas. Ellos guían nuestros pasos hacia lo que queremos ser y nos dan una idea de cómo vivir. Sin embargo, es muy común que se nos presenten eventos y situaciones imprevistas que entren en conflicto con nuestras normas internas o preferencias, en cuyo caso será necesario realizar un análisis de la situación para evaluar si estamos frente a un problema o a una oportunidad.

Lo fundamental, aquí, es que una vez tomada la decisión, nos adaptemos lo mejor posible a ella, porque de no ser así, se producirán inevitablemente tales desórdenes internos que terminarán enfermándonos. No se puede vivir «embroncado» y a disgusto con las propias elecciones. No es lógico. Vivir enojados con una determinación tomada es como apretar el acelerador del coche al mismo tiempo que se acciona el freno de mano… la marcha es forzada y se termina rompiendo algo de él.

Cuando escogemos, debemos aceptar pros y contras y vivir en paz y armonía con nuestra decisión.

Recuerda: *Tener una posición lógica y consecuente con tus principios será fundamental para ser una persona equilibrada, plena y feliz. Cuando modifiques esas reglas internas que tienes, que no sea por miedo o inseguridad, sino porque ha surgido como parte de tu maduración personal.*

¡Hasta aquí llegaste con tus atropellos!

No en pocas oportunidades se vuelve imprescindible sacar un «No» del bolsillo para preservar nuestra integridad física y psicológica. Si bien es fantástico ayudar y colaborar con otros, también lo es el establecer límites. Existen muchas personas que no piden sencillamente un favor, un auxilio o apoyo, sino que se tornan parasitarias, invasivas, sumamente dependiente de otros. Es en esos casos fundamental hacer aparecer ese no… el no de detente, el no de hasta aquí llegaste.

Todos en algún momento hemos estado en contacto con individuos de tales características, a los que de buena fe se les ha dado una mano y terminan convirtiéndose en un verdadero tormento. Se resisten a contenerse y desean absorber hasta la última gota de nuestras energías. Tarde o temprano, acaba esto en una pelea o separación.

Para no llegar a tales extremos de fastidio y enojo se debe conversar, poner «a tiempo» un freno a las situaciones de abuso y a los pedidos desmedidos, hacerle ver a esa persona que, de seguir así, la situación culminará en una fea disputa o, lo que es peor, en una ruptura. Ten presente: aclarar oportunamente y con firmeza tus condiciones y límites no solo ahuyentará a gente perjudicial para ti sino que mejorará las relaciones con quienes te rodean.

La voluntad te hará llegar a donde desees

La voluntad es la potencia del ser humano. Implica fuerza y capacidad para decidi. Es, también, la facultad que permite gobernar nuestros actos, elegir con libertad.

En la vida se nos presentan compromisos y obligaciones que nos llevan a optar, decidir, tomar un rumbo; algunas veces, esas decisiones no comportan esfuerzo, y, otras, con sumo sacrificio. Sobre todo es allí cuando es tan importante contar con esa fortaleza, es decir, la pujanza, el impulso que logra movilizarnos para cumplir con lo que debemos.

Cuántas veces es imprescindible terminar un trabajo a pesar del cansancio, realizar tareas aún estando doloridos, salir de la cama cuando todo nuestro cuerpo pide quedarse, seguir adelante incluso teniendo todos los elementos en nuestra contra. Justamente es allí donde se hace imperioso apelar a todo nuestro ímpetu y avanzar. Ten siempre presentes las palabras del brillante poeta Almafuerte:

Si te postran diez veces, te levantas
otras diez, otras cien, otras quinientas:
no han de ser tus caídas tan violentas
ni tampoco, por ley, han de ser tantas.
No te des por vencido, ni aún vencido,
no te sientas esclavo, ni aún esclavo;
trémulo de pavor, piénsate bravo,
y arremete feroz, ya mal herido.

Dime cómo te levantas y te diré cómo será tu día

Que la jornada sea o no agradable depende en gran medida de cómo empezamos el día. Muchos remolones, cuando suena el despertador, dan tantas vueltas para levantarse que se les termina haciendo tarde y tienen que bañarse, vestirse y viajar a mil por hora. Son las típicas personas a las que se ve maquillarse en los trenes, peinarse en el metro, correr tras los autobuses o vociferar para detener un taxi que los haga llegar a horario al trabajo. No es de extrañarse, pues, que luego se quejen de nerviosismo, cansancio extremo, estrés, tengan accidentes o lleguen tarde o mal a sus destinos.

El despertar debe ser lento y tranquilo. El desayuno no debe consistir en una pobre infusión «tragada», sino en un ritual sereno y bien preparado. Lo ideal es despertar con el tiempo suficiente para hacer algunos estiramientos, acicalarse, desperezarse, preparar lo que llevaremos en el bolso, vestirnos de acuerdo con las exigencias que tendremos a lo largo del día y tomar una comida rica en vitaminas y minerales que nos ayude a cumplir con todas exigencias que tenemos por delante.

Recomendación

No comenzar el día con un buen desayuno produce mal humor, decaimiento, falta de concentración y bajo rendimiento físico y mental. Éste debe incluir hidratos de carbono (pan, cereales, tostadas), lácteos (yogurt, queso, leche), proteínas (huevos,) y frutas.

Aprende a dirigir los pensamientos

Desde que me levanto me la paso haciéndome preguntas que no me conducen a nada, recordando momentos particularmente molestos de mi vida, imaginando peleas en el trabajo y con mi pareja. No logro pensar en nada que me brinde calma. Mi mente es un lío, y ese lío me tiene todo el día angustiado.

Juan (34)

Como mencionamos en reiteradas ocasiones, nuestra mente es compleja y puede jugar tanto a favor como en contra. Su funcionamiento, si bien sigue teniendo muchos misterios por develar, puede ser «de alguna manera» modificado para mejorar nuestra calidad de vida. Si dejamos que actúe libremente estaremos desperdiciando su potencial. De modo que cuando nuestro cerebro, por ejemplo, se focaliza en circunstancias desagradables o poco útiles, será conveniente aprender a cambiar de foco y conducirlo hacia temas más productivos y gratos.

Una de las estrategias para anular pensamientos negativos es relajarse y concentrarse en objetos o sonidos externos, es decir, tratar de representar lo más minuciosamente posible los detalles de algunas cosas que nos rodean, para desviar la atención. Otra posibilidad es imaginar que sobre estos pensamientos anotamos un gran «no» o que directamente los tachamos, para reemplazarlos inmediatamente por otros positivos.

Ambos métodos, con el tiempo, podrán ayudarnos a recuperar el control y mitigar esos devaneos que tanta energía y preocupación nos insumen.

Llénate de luz y energía

 ara llenarte de vitalidad cada mañana…

Párate con las piernas juntas, las palmas unidas como en una oración (a la altura del pecho) y la mirada al frente. Levanta los brazos por encima de la cabeza y mantenlos elevados con las palmas unidas. Comienza a doblarte hacia delante hasta tocar el suelo (flexiona ligeramente las rodillas si lo necesitas). Lleva la pierna izquierda hacia atrás hasta que quede paralela al suelo (sostenida por la punta del pie); mientras, la rodilla derecha también se flexionará. Los brazos quedarán bien extendidos hacia adelante con las palmas en el suelo. Vuelve a mirar al frente. Repite la misma operación con la pierna derecha. El cuerpo deberá quedar elevado y paralelo al suelo con ambas piernas juntas (como si hicieras una lagartija). Ahora flexiona los brazos hasta quedar pegado al suelo. Luego, apoyándote sobre tus palmas estira los brazos de tal forma que el tronco se arquee hacia atrás. Vuelve a la posición horizontal. Levanta todo el cuerpo hasta quedar paralelo al suelo. Flexiona la pierna derecha hacia adelante y luego la izquierda. Estira ambas piernas pero con los brazos extendidos y las palmas pegadas al suelo o cerca de él. Comienza a enderezarte. Eleva los brazos como queriendo alcanzar el cielo (palmas unidas). Vuelve a posición de oración. Las repeticiones deberán ir aumentando lentamente.

Duerme bien, mejorará tu calidad de vida

Dormir mal, no sólo puede deberse a problemas físicos o psicológicos sino a algo tan simple y sencillo como una cama incómoda o una habitación inadecuada para el descanso. Un colchón en mal estado o poco conveniente para nuestra columna nos puede producir un sinfín de problemas. Ni hablar de una habitación que no se halle limpia, despejada y aislada (aunque sea ligeramente) de los ruidos.

En ambos casos, con algunos pequeños cambios, la solución podría hallarse rápidamente.

Adquiere un somier nuevo si te das cuenta que no descansas apropiadamente en el que tienes. Ordena tu habitación y acondiciónala para que se transforme en sitio de paz y tranquilidad. El lugar donde reposas debe ser sumamente placentero, debe inducirte al sueño y proporcionarte el alivio que necesitas después de un día extenuante de trabajo. Pon en él aromas agradables y modifica la intensidad de sus luces (si te parece necesario). Cada uno de estos factores será de gran ayuda para obtener la calma y serenidad ansiadas. Ten en cuenta:

- No comer abundantemente ni hacer demasiada actividad física justo antes de ir a dormir.
- Realizar algunos ejercicios de respiración.
- Tomar precauciones para que la habitación no sea invadida por sonidos molestos.

Once actitudes que debes tener para vencer al ego

Es difícil definir, de buenas a primeras, el verdadero significado de «ego», sobre todo, porque a través de la historia y de acuerdo con el enfoque dado, fue adquiriendo diferentes sentidos. Consideraremos pues, como para tomar la punta del ovillo, al ego, como la idea que posee cada uno de sí mismo; es decir, una imagen o ilusión de nosotros. Esta imagen, por llamarla de alguna manera, es una disposición errónea del pensamiento, porque supone una forma distorsionada de vivir y afirmar la existencia que nos aleja de nuestro ser genuino: nuestro ser espiritual. Mientras en el ego solo hay egoísmo, disconformidad, temor, envidia, en el espíritu existe amor, paz y búsqueda del bien común.

Practiquemos, pues, once actitudes para vencer al ego:

- Libérate del deseo de aprobación y reconocimiento constantes.
- Presta atención a las necesidades de los otros.
- Deja de sentirte ofendido o agraviado.
- Despójate de la necesidad de tener siempre razón.
- Hazte solidario.
- No busques ganar en todo.
- Practica la humildad.
- Aléjate de la codicia.
- Déjate de hablar de ti mismo y concéntrate en los demás.
- Cuida y valora a quienes te rodean y el lugar donde vives.
- Brinda afecto cada vez que te sea posible.

Prueba terapias no tan tradicionales

xiste una larga lista de terapias, poco conocidas y sumamente placenteras, que puedes tomar en cuenta cuando necesitas apartarte de la rutina o sencillamente cuando desees mimarte. Veamos algunas opciones:

Vinoterapia: Se emplean distintos tipos de uvas, residuos de la producción del vino, vinos y aceites derivados de la uva para exfoliar y masajear. También ofrecen al cliente la posibilidad de sumergirse en cálidas piletas o cubas de hidromasajes en los que, además del vino, se vierten algunas aguas termales, para relajar el cuerpo y mejorar la piel.

Fangoterapia: Se aplica barro o arcilla en todo el cuerpo, se lo deja actuar unos momentos. Luego se procede a un baño o ducha para retirar el producto y se realizan masajes relajantes con cremas o esencias especiales. Es altamente recomendable para descongestionar, calmar y mejorar el estado de la piel.

Chocolaterapia: Se unta el chocolate en todo el cuerpo y se aplica calor durante algunos minutos. Después se retira el producto y se hacen masajes con cremas a base de cacao. Este tratamiento nutre, hidrata, da elasticidad a la piel y estimula la circulación sanguínea. Es altamente relajante.

Una prisión muy especial

El personaje de esta historia es un hombre que había sido encarcelado. La única actividad que tenía era asomarse a través de una pequeña ventana enrejada que había en su celda para mirar al exterior. Todos los días se asomaba por esa ventanita y se pasaba horas observando por allí. Y cada vez que veía pasar a alguien estallaba en carcajadas. El guardián estaba tan intrigado y sorprendido que un día le preguntó al preso:

—Dime, ¿de qué te ríes tanto, día tras día, cada vez que miras por esa ventana?

—¿Cómo preguntas tal cosa? —le contestó—. ¿Acaso estás ciego? Me río de toda esa gente... están presos detrás de estas rejas y no se dan cuenta.

Cuento tibetano

Define tus sentimientos

Cuántas veces te sientes mal, angustiado, con una sensación extraña de tristeza que te invade, que no te deja vivir, que te atormenta, y te sume en un malestar insoportable que no puedes entender ni definir. Pues, en esos casos, hay dos buenas herramientas: la primera es tomar un cuaderno y anotar en él todo lo que estás sintiendo y cuáles pueden ser las causas. Eso ayuda a delimitar la angustia y a dimensionar verdaderamente el problema. Al tener frente a ti un plano de la situación es muy posible que puedas manejar mejor ese malestar que tanto te está aquejando. La segunda es realizar tareas que te demanden mucha energía y concentración, para apartarte, así, de esa sensación que tanto te embarga. Desarmar y limpiar cualquier cosa que merezca un trabajo minucioso, hacer una rutina de gimnasia en donde debas contar repeticiones y prestar atención a cada movimiento o leer un libro que necesite una lectura profunda y reflexiva. Esto hará que tu mente «se distraiga» y que se enfoque en otras cuestiones. Cualquiera de los dos métodos, pueden, al menos por un rato, apartarte del lugar de malestar y quizá hasta terminen alejándote definitivamente de él.

Cuando no se halla la raíz del problema

No había manera de que me serenara, ni tampoco de poner orden en aquel embrollo. Había algo que se rebelaba y se soliviantaba en mi interior, algo que producía dolor y no se dejaba apaciguar. Regresé a casa absolutamente consternado. Exactamente como si sobre mi conciencia pesara algún crimen.

Memorias del subsuelo, Fiódor Dostoievski

Cuando no es bueno callar

Beatriz (35) vive con dolores de garganta y estómago. Ha recorrido cuanto consultorio médico se le ha cruzado y jamás pudo obtener un diagnóstico claro. Analgésicos, antibióticos, antiespasmódicos, antifebriles y «pastillitas de alegría» ocupan la mayor parte de su bolso y botiquín. Nada, sin embargo, acaba con su malestar de manera definitiva. No sabe que la solución está a su alcance.

El temor a expresar lo que se siente o se piensa no es problema de unos pocos, sino un mal de muchos. El miedo a decir cosas que hieran o que produzcan enfrentamientos suele conducir a las personas, a veces, a callar, a evitar comentarios y a huir de posibles confrontaciones. Sin embargo... el silencio, lejos de solucionar el problema, lo agrava, ya que al no manifestarse lo que molesta, lo que produce incomodidad, termina generando, a la corta o a la larga, una serie de estragos a la salud.

Úlcera, hipertensión, gastritis, asma, dolores musculares, jaquecas, disminución en las defensas del sistema inmunológico podrían evitarse con el sencillo acto de hablar, de conversar.

Las palabras son un instrumento maravilloso para comunicar necesidades, resolver diferencias, llegar a acuerdos. Enunciadas claramente y en el momento oportuno evitan enfermedades y mejora las relaciones.

No dejes para mañana lo que puedas hacer hoy

*D*ía del amigo, de la novia, del padre, de la madre, del niño, cumpleaños, Navidad y vaya a saber cuántas cosas más... cada acontecimiento se ha convertido, para la mayoría, en un dolor de cabeza. En vez de programar las compras con antelación, las posponemos hasta el último momento, y cuando ya es imposible seguir postergándolas salimos en una búsqueda desenfrenada para conseguir ese obsequio que se ajuste a los gustos de la persona a quien deseamos agasajar y a nuestro presupuesto. Los resultados, en la mayoría de los casos, no son los esperados. Nos ponemos nerviosos, nos preocupamos y la jornada tiene lamentables consecuencias: una adquisición diferencia de lo que teníamos pensado, un gasto desmedido para nuestro bolsillo o la vuelta a casa con las manos vacías, lo cual nos llevará inevitablemente a realizar una nueva búsqueda desesperada.

Si bien el tema del regalo puede considerarse un problema menor, no lo es cuando nos complica, nos demanda mucho tiempo y nos estresa.

Tener en cuenta cada evento del año y planificar la compra de presentes no solo brinda tranquilidad, sino además la posibilidad de elegir exactamente lo que se desea para cada persona y de controlar el presupuesto.

Vive una vida real

Millones de individuos cargan, en sitios de Internet, videos y fotos de cada instante de sus vidas. Ya pocos dicen «tengo amigos», la mayoría ahora posee «cientos de contactos». Las conversaciones que se establecen entre ellos son tan intrascendentes que no se entiende su finalidad.

Lentamente se está dejando de lado el trato directo con las personas y se privilegia la comunicación que nos ofrece esta era tecnológica en la que vivimos. Muchos dedican demasiadas horas a esa vida artificiosa, en donde se crean identidades ficticias con las cuales se puede decir cualquier cosa porque se hallan escondidas en el anonimato.

En una sesión de chat, por ejemplo, lo más probable es que Meli30 (que ni tiene 30 ni se llama Melina) chatee con Martín35 (que tampoco se llama Martín ni tiene 35) sobre sus profesiones (posiblemente inventadas para la ocasión), se pasen fotos (quizá, retocadas o de otra persona), se comenten cuestiones de sus vidas (no demasiado reveladoras de su identidad) y jamás se vuelvan a contactar. ¿Qué se consiguió con esto? ¿Amistad, amor, contención? NO, la nada, pasar el rato.

Siempre hay que tener que cuenta que, si bien la tecnología es muy interesante como herramienta de trabajo y hasta de diversión, de ninguna manera debe suplantar la vivencia pura. Vivir a través de una red social puede ser tentador porque es más cómodo y genera menos temor que salir y enfrentarse con la realidad, pero es una manera de huir de la vida.

Jamás pierdas las esperanzas

Cuando todo parece oscuro, cuando la vida se siente como una carga pesada y triste, cuando los problemas nos agobian y no se halla una salida, la esperanza sale a socorrernos. Nos ayuda a resistir, a hacerle frente a las situaciones adversas, a levantarnos y continuar. La esperanza nos permite pensar que las cosas mejorarán, renueva nuestras energías y, gracias a ella, se nos abre un panorama diferente, más prometedor. Pero a la esperanza debemos ayudarla, fortalecerla, porque sola no puede hacer todo el trabajo.

Si tienes aunque sea un poco de fe en tu futuro, ocúpate hoy mismo de mejorar tu presente. Esfuérzate en alejarte de la tristeza y emplea tu energía para fortalecerte y concretar lo que deseas. Comienza el día repitiendo frases positivas y creyéndolas. No te desanimes fácilmente, intenta una y otra vez.

No te rindas, aún estás a tiempo
De alcanzar y comenzar de nuevo,
Aceptar tus sombras,
Enterrar tus miedos,
Liberar el lastre,
Retomar el vuelo.
No te rindas que la vida es eso,
Continuar el viaje,
Perseguir tus sueños (...).

Del poema «No te rindas», de Mario Benedetti

Sustituye la autocrítica negativa por mensajes positivos

La autocrítica desmedida exagera los errores, las debilidades y los problemas, y, por poco distorsionante que sea, produce lamentables perjuicios en la persona. Aquellos que poseen baja autoestima son los más proclives a ser autocríticos y detractores de sus logros. Suelen tener todo el tiempo en mente una larga lista de eventos que consideran fracasos o errores, los cuales son usados permanentemente para recordarles lo mal que han hecho todo y lo mal que lo harán en el futuro.

Se sabe que esta tendencia a desvalorizarse y descalificarse se genera desde los primeros años de vida, cuando el niño interioriza ciertos mensajes negativos (a veces conscientes y otras inconscientes) de padres, abuelos, maestros, entre otros, como una verdad absoluta para él, y que se acrecienta, a través de los años, con otras vivencias experimentadas como negativas. Esto «crea o moldea» esa forma de ser derrotista y destructiva que no solo obstaculiza sino que hasta provoca involución en el individuo. No es fácil salir de este embrollo, porque se trata de años de incorporación de mensajes autodestructivos en la psique, de horadar cotidianamente la propia valía. Sin embargo, no hay que perder las esperanzas, la sanación comienza desandando ese camino que anduvimos, incorporando diariamente mensajes positivos, tomando en cuenta las cosas buenas que hemos logrado, apreciando lo que hemos conseguido. El trabajo es arduo, pero con voluntad férrea y el poder sugestivo de tus afirmaciones positivas es posible el cambio.

Libérate de las culpas

Todos, en mayor o menor grado, hemos sentido a lo largo de la vida, una emoción tan molesta como inútil: la culpa. Ésta se origina a partir de la sensación de haber transgredido una norma moral o ética o no haber cumplido algo pactado, lo que inevitablemente conduce al remordimiento.

El psicoterapeuta W. W. Dyer decía que esta emoción, causada por comportamientos pretéritos, era un despilfarro de los momentos presentes, porque sólo conseguía inmovilizarnos. Sin embargo, por más que se la racionalice, la culpa siempre consigue hacerse lugar, y cuando se torna desmesurada, posee tal poder que acongoja, angustia y paraliza a su víctima.

Entonces, veamos algunas estrategias para lidiar mejor con ella… Primero: es fundamental comprender que se trata de una reacción emocional aprendida (no es heredada genéticamente) y, por lo tanto, se pueden revertir sus maniobras; segundo: internalizar mediante afirmaciones continuas que es imposible cambiar el pasado, por lo cual, sentir culpa no solucionará nada; tercero: tomar conciencia del presente que se pierde por ocuparse de eventos que ya han transcurrido; cuarto: evaluar por medio de una tarea autoanalítica aquello que nos genera culpa; quinto: no ser tan estrictos con uno mismo y aprender a perdonarnos.

Disfruta del bello ritual del té

En tiempos remotos, el té sólo era visto como medicina, y no fue sino hasta mucho después que se le consideró una bebida. Más tarde se lo convirtió en objeto de veneración. Esta adoración al té es un culto que reverencia lo bello entre la monotonía de las cosas. Su sentido se halla en la armonía y la pureza. A muchos podrá parecerles intrascendente algo tan sencillo como la elaboración de una infusión; sin embargo, es importante apreciar lo grande que hay en las pequeñas cosas. El sabor del té tiene un encanto oculto y requiere de conocimientos para prepararlo a la perfección. Es todo un ritual, al que se debe prestar atención y dedicación.

Si te atrae la idea de incorporar este bello rito a tu vida, intenta visitar algunas tiendas especializadas en tés y estudia las variedades y los distintos modos de preparación; hasta la vajilla es imprescindible para llevar a cabo el ceremonial. Esta actividad podría transformarse en una oportunidad de entusiasmarte por algo nuevo y en un descanso y alejamiento momentáneos de las presiones cotidianas.

En la gran relación que las cosas tienen entre sí no hay nada grande ni pequeño. Un átomo contiene las mismas posibilidades que el todo.

No te dejes dominar por el mal genio

La ira es una sensación desagradable que implica siempre el deseo de herir, injuriar o lastimar física o verbalmente al otro. Esta terrible emoción compromete a toda la persona, la convierte en un ser prejuicioso, la llena de ideas de venganza (como si fueran verdaderos actos de justicia), distorsiona su realidad, y le hace perder amigos, compañeros y familiares. Cuando «eres» iracundo te aparecen pensamientos del tipo «yo tengo razón, ellos se equivocan», «si no me desahogaba así, me hubiera salido una úlcera», «se merecía lo que le dije», etcétera, lo cual, en lugar de calmarte, tiende a aumentar tu enojo y tu furia. La ira es la reacción que experimentamos cuando algo resulta de manera distinta a la que esperábamos y proviene del deseo de que el mundo y la gente sean diferentes a lo que realmente son. También tiene un fuerte impacto el tema de la intencionalidad, ya que los iracundos sostienen denodadamente que la mayoría de las cosas que ocurren a su alrededor están hechas o pensadas para molestarlos o perjudicarlos.

Es importante repasar lo dicho anteriormente, ya que puede ser un test de nuestro comportamiento. Entender qué pensamientos accionan nuestra rabia, nuestras reacciones violentas y cómo respondemos ante determinados estímulos, nos ayudará a aprender a expresarnos a través de nuevas formas de comportamiento, para de esa manera dar los primeros pasos hacia el cambio.

Contentándote con poco, lograrás mucho.
Persiguiendo mucho, te desviarás del sendero.
La persona sabia atiende este precepto.
¡Sería bueno que este precepto también convenza al mundo entero!
La persona sabia cree no sólo en lo que ve con sus ojos, por lo cual ve claramente.
No se considera como la única que tiene la razón y, por lo tanto, conoce la verdad.
No está sedienta de honor, sin embargo, las personas la honran.
No busca ser autoridad, pero las personas la siguen.
No lucha contra nadie, por ello es invencible.
No se autocompadece y, por lo tanto, puede conseguir la perfección.
Sólo aquél que no desea estar delante de los demás puede vivir en armonía con todos.
La persona sabia se ocupa de todos y se vuelve su ejemplo.
Es luminosa sin buscar brillar.
No se ensalza, y sin embargo la respetan.
No se enaltece, por lo que la tienen en alta estima.
Antiguamente decían que lo imperfecto se mueve hacia la perfección. ¿Acaso son palabras vacías? ¡No!

Tao Te Ching, de Lao Tse

Consejos para vivir solo y no morir en el intento

Como toda aventura, irse a vivir solo tiene sus ventajas y desventajas. Dejar la casa donde vivíamos con nuestra pareja, con amigos o con los padres es un gran paso hacia un mundo diferente. Por supuesto que da miedo tomar la decisión, pero una vez que se emprende el camino resulta fascinante y maravilloso. Obviamente, como todo, implicará afrontar riesgos, tomar precauciones y organizarse mejor para llevar adelante el nuevo estilo de vida. También conllevará adaptarse a los silencios y a los espacios. Lo importante es no desesperarse ni amedrentarse. Sobre la marcha se aprende.

Consejos para manejarnos mejor

*Acondiciona tu vivienda de la manera más cómoda y práctica, de acuerdo con tus necesidades. *Acepta y hazte amigo del silencio y de tus nuevos tiempos. *Pon en ella, fotos y objeto que traigan bellos recuerdos y sean gratos a la vista. *Haz compras inteligentes, sin despilfarrar tu dinero, pero teniendo en cuenta lo que necesites para higienizar el lugar y tener la nevera bien provista. *Organiza las comidas diarias, sin descuidar alimentos esenciales para tu organismo. *Ármate un calendario de pagos para alquiler, gastos, impuestos y servicios. *Si al principio te da miedo, pídele a un amigo o hermano que por unos días te haga compañía hasta que tomes confianza con tu nuevo hogar. *Recorre tu barrio y conócelo.

Disfruta de la belleza de cada estación

Qué tedioso es escuchar día tras día, año tras año: «¡Qué frío hace!» «¡Este invierno sí que nos hará sufrir!» «¡Qué verano insoportable!» «¡Cómo llueve esta primavera!» «¡Maldito otoño con estas hojitas que se caen de los árboles y uno debe barrer continuamente!». Como si con estas declaraciones fuéramos a cambiar el clima o alterar el ritmo del universo…. Nadie se detiene a pensar la importancia que tiene cada estación con sus respectivas características. El viento, la lluvia, las bajas y altas temperaturas… cada cosa tiene un propósito y ayuda a mantener el delicado equilibrio de nuestro planeta.

En invierno nos arropamos como si fuéramos a viajar al Polo Norte, en verano instalamos aires acondicionados que nos congelan, cuando llueve usamos botas impermeables y paraguas… falta que llevemos bajo el brazo una canoa. Nada más antinatural que el ser humano. Y encima protestamos todo el día.

Muchos poetas han escrito odas a las estaciones, y hasta Antonio Vivaldi compuso música en su honor.

Hay que saber apreciar a cada una de ellas, gozar con lo que ofrecen y sentirnos felices. En la variedad se halla el placer y la alegría de vivir.

Regocíjate con el delicado encanto de las flores

Desde hace siglos el ser humano emplea flores para adornar o festejar momentos importantes en su vida. No es de extrañar que esa costumbre haya llegado hasta nuestros días y se haya convertido en una pasión. El ikebana, por ejemplo, es un antiguo arte japonés basado en una forma de interrelacionarse con la naturaleza. Se trata de componer motivos bellos y decorativos con flores, hojas, ramas y frutos. Su finalidad no es meramente estética sino que se emplea para meditar; y debido a que los materiales empleados son de corta duración, este arte promueve la reflexión sobre el paso del tiempo. Es importante destacar que el núcleo filosófico de este arte está arraigado en el famoso budismo zen y, por lo tanto, todos los arreglos deberán simbolizar la armonía cósmica. Por esto es que no se trata sólo de un sencillo arreglo floral sino que es una actividad que promueve la armonía y la introversión. Aunque el arte del ikebana está relacionado con la creación no debe olvidarse que consta de complicadas normas que lo rigen y que requieren un largo aprendizaje.

Intenta involucrarte con este maravilloso mundo de belleza, avenencia, delicadeza y equilibrio... podría convertirse en una importante motivación y fuente de alegría.

Aprovecha los efectos terapéuticos del agua

Después del oxígeno, el agua es el componente natural de más importancia para el normal desarrollo y mantenimiento de la vida. Beberla en abundancia es vital para eliminar toxinas, hidratar el cuerpo, completar reacciones químicas, mantener el correcto equilibrio de la temperatura corporal y tener la piel suave y brillante, por mencionar sólo algunas de sus funciones. Sin embargo, restringir su alto potencial curativo al solo hecho de beberla sería limitar su capacidad como elemento terapéutico. En la actualidad se puede hallar una amplia variedad de tratamientos en donde ésta es el elemento básico y fundamental para prevenir enfermedades, generar alivio en dolencias y malestares y proporcionar relax y belleza. Las técnicas de aplicación varían en fuerza, temperatura y forma de dosificación, pero todas brindan excelentes resultados. Hidromasajes, baños de inmersión y de burbujas, ducha escocesa, vichy, circular, filiforme, chorros de agua con distinta presión, crenoterapia, hidroterapia de colon, son algunas de las tantas opciones que ofrecen los modernos centros de belleza y salud. Por último, no debemos olvidar, por ser un elemento habitual y común en nuestras vidas, la querida ducha del baño, que si bien no es, tal vez, tan espectacular como la de un spa, puede convertirse un excelente auxilio para tranquilizarnos después de un día extenuante.

Recita mantras...
te dará serenidad

Los mantras son sonidos manifestados a través de sílabas, palabras o frases sagradas que se repiten para meditar. Empleados de manera adecuada, repercuten en todo nuestro ser y brindan beneficios en el plano mental y físico. Es un excelente método para liberar la mente de esos pensamientos que persiguen y dañan, tales como temores, ansiedades, culpas. Cuando (aunque sea por unos instantes) es posible apartar esos pensamientos negativos y que horadan incesantemente, consigues serenidad, calma y sensación de bienestar. Es importante aclarar que si dices los mantras sin tomar en cuenta la respiración o el estado de meditación, poco podrán ayudarte.

Comenzando a recitar

Lo ideal es, con la espalda erguida, sentarte en postura de loto, pero si ésta te hace sentir incómodo, adopta una posición más cómoda, como el semiloto o el sentarse de rodillas sobre los tobillos. Una vez que halles la postura adecuada, deberás concentrarte unos instantes en tu respiración. Ya más sereno, comenzarás a recitar con plena atención en ello, el OM, algunas frases cantadas u oraciones memorizadas como podrían ser bellas afirmaciones. Deben repetirse en forma regular y constante para otorgarles el poder curativo que se necesita de ellos.

Descubre los excelentes beneficios de la aromaterapia

Transportarnos a un momento particular de nuestra vida, evocar una imagen o recordar algo especial es algo que quizás a todos nos ha sucedido cuando hemos percibido un aroma particular. Puede ser un condimento, un perfume, una comida, o incluso un olor desagradable. Pero lo cierto es que apenas llega a nuestro olfato un determinado aroma, algo se produce en nosotros. Y es que los olores tienen el poder de activar ciertas áreas del cerebro, facilitar determinados tipos de asociaciones, producir diversas reacciones en nuestro cuerpo y cambiar estados emocionales. El jazmín y la lavanda, por ejemplo, son excelentes como relajantes; la bergamota y la albahaca equilibran, estabilizan a la persona; la canela, el jengibre y la naranja dan vitalidad y energía; la manzanilla, el pomelo, la rosa, el clavel, el geranio y la bergamota suelen ser muy buenos como antidepresivos; el sándalo, el cardamomo y el romero sirven como afrodisíacos.

Saber qué fragancias levantan el ánimo, cuáles energizan, cuáles calman, puede ser un excelente recurso para cuando nos sentimos tristes o malhumorados.

Intenta aprender sobre aromaterapia e ingresa en su fascinante mundo. Infórmate sobre los diferentes efectos que causan los aromas y aceites esenciales. Será terapéutico para ti y hasta podría convertirse en tu nueva salida laboral.

Exprésate a través de la danza

Cuerpo, mente y espíritu interactúan todo el tiempo, y la danza logra establecer una bella armonía entre ellos. Posturas y movimientos influyen tanto en el organismo como en los sentimientos, por lo cual, cuando bailamos y nos mecemos al son de una melodía nos liberamos de tensiones, nos estiramos, percibimos todo nuestro cuerpo de una manera diferente, y el placer desplaza al malestar.

La danza es una forma de arte y de expresión. También es una manera de comunicación, en donde la persona que baila manifiesta y trasmite emociones a través de sus giros, elongaciones, saltos y gestos. Como, por su parte, la música es excelente para liberar pensamientos y canalizar emociones, entonces no es extraño que esta actividad sea adecuada para brindarnos bienestar y equilibrio. Podemos agregar que, dado que las coreografías implican estar atentos a estructuras y movimientos coordinados con otros, resulta un brillante método terapéutico para hacer que la mente se distraiga, se focalice en otros temas y descanse.

Intenta danzar, como te salga, sin presionarte ni exigirte, no necesitas ser como un gran bailarín; sólo es importante que tengas ganas de divertirte, experimentar gozo y disfrutar de esta bella práctica.

No necesitas la aprobación de los demás

Cuando la opinión que el otro tiene sobre nosotros se convierte en una necesidad imperiosa, estamos ante un problema. Sabemos que la mirada foránea de aprobación muchas veces nos alienta a avanzar y nos gratifica, pero no debe ser bajo ninguna circunstancia *conditio sine qua non* para vivir tal y como somos, con nuestras virtudes y defectos. Depositar el bienestar y alegría en el beneplácito del otro es dejar de lado el control de nuestra vida para abandonar nuestro destino en manos ajenas. Para la realización personal hay que hacerse cargo plenamente de las decisiones que se toman, salgan o no bien, sin esperar el aplauso o el halago.

Cada persona posee una idea determinada de lo que es real, de lo que es importante, moral, correcto e incorrecto y no es aplicable de manera completa a otro ser humano; por lo cual, lo que se debe evitar es que ese «otro» se convierta en la guía de nuestros gustos, sentimientos e ideales. Como seres únicos e irrepetibles que somos, debemos preservar nuestra esencia, nuestra personalidad, y tomar el riesgo de «ser» y «actuar» más allá de lo que los demás piensen.

La necesidad de aprobación de los demás equivale a decir: «Lo que tú piensas de mí es más importante que la opinión que tengo de mí mismo».

El éxito laboral está a tu alcance

Gente que ha ingresado a la empresa después de ti ya tiene un sueldo o puesto de mayor jerarquía; personas que se esfuerzan menos que tú obtienen premios o beneficios que jamás has recibido… entonces te surge una pregunta… ¿qué estás haciendo mal? Pues lo que posiblemente suceda es que estés realizando cosas que boicotean tu camino al éxito. Los errores más frecuentes suelen ser: no establecer prioridades en las tareas que debes desarrollar, por lo cual terminas perdiendo el tiempo en cuestiones poco relevantes; no te relacionas bien con tus compañeros de sector; te paralizas o no respondes con coherencia y actitud positiva ante los nuevos desafíos; no reaccionas adecuadamente ante las cadenas de mando; dejas cuestiones pendientes que se acumulan por meses; no te tomas un tiempo para organizarte con más eficacia; en vez de tratar de entender y adaptarte a nuevas consignas, te disgustas o te pones «palos en las ruedas».

Estos y otros factores podrían estar siendo los causantes de tu problema actual y, por lo tanto, lo más conveniente sería que hicieras un repaso de cómo actúas en tu empleo, para que puedas producir cambios en tus respuestas, rutinas y hábitos. Así te será posible optimizar tu desempeño y generar modificaciones que te lleven al éxito.

La naturaleza de la mente

Un hombre llevaba muchas horas viajando a pie y esta-
ba realmente exhausto y sudoroso bajo el terrible sol de
la India. Agotado y sin poder continuar, se echó bajo un
frondoso árbol. El suelo estaba duro y el hombre pensó
en lo agradable que sería tener en ese mismo instante
una cama para descansar a gusto. Ahora bien: resultó
ser aquél un árbol celestial, de los que conceden los
deseos de los pensamientos y los hacen realidad. Así
que, inmediatamente, apareció un cómodo lecho ante
sus ojos. El hombre se acomodó plácidamente en él y
mientras disfrutaba pensó en lo maravilloso que sería
que una bella mujer masajeara su dolorido cuerpo; al
instante sintió sobre él el suave masaje de una joven. Al
cabo de un tiempo, comenzó a sentir hambre y deseó
con todas sus fuerzas poder degustar todo tipo de man-
jares, y, en el acto, aparecieron ante él los
alimentos más deliciosos que se
pudieran imaginar. El hom-
bre, pues, descansó y sació
todas sus necesidades. Pero
de pronto lo asaltó un pensa-
miento: «¿Y si apareciera un
tigre y me devorase?» Y efectiva-
mente apareció un tigre y se lo
comió.

Anónimo

Haz hoy algo fuera de lo común

Sin darnos cuenta, todos los días llevamos a cabo los mismos rituales y cumplimos exactamente con la misma rutina. Cuando llega el fin de semana hacemos más de lo mismo o sencillamente nos recluimos en nuestros hogares con la intención de que nada nos perturbe. Una excelente manera de romper con esa monotonía es animarse a hacer algo completamente diferente, sin programación previa, sin organización. Muchas veces estas decisiones abruptas producen excelentes cambios en nuestros ánimos, renuevan las energías y aumentan las expectativas. Sacar un pasaje de avión con destino a algún lugar que señalaste en el mapa, asistir a un espectáculo al que nunca hubieras ido, subirte a un autobús o tren y llegar hasta donde te lleve para conocer un nuevo sitio, concurrir a una charla debate de un tema del que jamás tuviste información, en definitiva, animarte a hacer cosas que jamás hiciste puede ser una experiencia increíble y renovadora. No olvides que la invariabilidad, la inalterabilidad producen anquilosamiento, hastío y hasta cierta apatía por la vida.

La irregularidad, es decir, lo inesperado, la sorpresa o el estupor son elementos esenciales y característicos de la belleza.

Charles Baudelaire

Sueña y disfruta con una buena película

Cary Grant, Charles Chaplin, Vincent Price, Roberto Rossellini, Audrey Hepburn, Sophia Loren, Fred Astaire, Ingrid Bergman, Greta Garbo, Marlene Dietrich, Bette Davis, Boris Karloff, Orson Welles, Vittorio de Sica, Claude Chabrol, Pier Paolo Pasolini, Federico Fellini, Luis Buñuel… todos ellos y muchos más han dejado en nosotros huellas imborrables. Nos han hecho reír, llorar, soñar, imaginar, temer, odiar. Cuando nos sentamos frente a la pantalla salimos de la vida cotidiana y nos trasportamos a otro mundo, nos separamos de lo terrenal y comenzamos a experimentar sensaciones nuevas. El cine es emoción, el cine es como dijo Alfred Hitchcock «la vida sin las partes aburridas». Salir a su encuentro, recorrer salas, conocer su historia, es involucrarse con una de las creaciones más brillantes y hermosas del ser humano. Hay millones de libros y páginas web sobre él, hay películas que han marcado a generaciones enteras. Intenta hacer una incursión por el séptimo arte, verás que no pocas veces ver un film te producirá un cambio en tu estado de ánimo, te hará olvidar de las pequeñeces cotidianas que te agobian y nunca dejará de sorprenderte y apasionarte.

Atrévete a decirle sí a la vida

Yes men! es el nombre de un film (basado en el libro homónimo escrito por Danny Wallace), protagonizado por Jim Carrey, en el que un empleado bancario lleva una vida aburrida y solitaria, donde la negación y el tedio ocupa toda su existencia y razón de vivir, hasta que, repentinamente, aparece un viejo amigo que lo invita a participar de un evento único: un seminario en el que se enseña que para ser exitosos y felices hay que decir «Sí», siempre. De allí en más, su vida cobra un giro inesperado... prospera laboralmente, recupera a sus amigos, ayuda a desconocidos, se relaciona con gente nueva, aprende idiomas, hace deportes extremos, vive experiencias absolutamente impensadas y conoce a la mujer que será su amor. Si bien no muestra las complicaciones que puede traer el decir sí a todo, porque se trata de una comedia que invita al optimismo y a la alegría, sí enseña lo que puede cambiar cuando se deja de ofrecer resistencia ante todas los ofrecimientos que nos hace la vida y se deja abierta la puerta a las nuevas experiencias. Ese maravilloso monosílabo permite despojarnos del encierro, de la soledad, de la monotonía y expone ante nosotros un mundo lleno de posibilidades. Se trata ni más ni menos de una invitación a vivir la vida, a dejar de negarnos a experiencias y sensaciones diferentes y a aceptar que tenemos derecho a ser felices. Ésa es en definitiva una brillante manera de comenzar a andar ahora... diciendo «sí».

¡Basta de poner excusas!

Como bien se sabe, la excusa es un pretexto para eludir una obligación o disculpar un descuido. Muchos diccionarios ofrecen esta definición. Lo que pocos toman en cuenta son sus consecuencias. Esta evasiva puede ser hacia uno mismo o hacia un tercero, pero en cualquiera caso, el resultado no es positivo. Es preferible no comprometerse con alguien, no acordar una cita, no proponerse algo incómodo o poco practicable para evitar perder tiempo en pensar mil mentiras o defraudar al otro. Las excusas siempre se descubren, aunque estén bien pensadas y elaboradas. Esto genera, por lo general, tanto malestar en uno mismo como en el receptor. Siempre debemos tomar en cuenta que cuando establecemos un compromiso hay otra parte implicada a la que debemos respetar y a la que no podemos perjudicar con nuestras incongruencias. El cumplimiento, en cambio, habla bien de nosotros, nos muestra como seres respetuosos y confiables y produce lazos sociales más fuertes y seguros. El «no excusarse» forma parte de un crecimiento personal y madurez emocional indispensables para vivir de manera armoniosa y saludable.

Perdone usted —le dijo— que me haya retrasado dos horas y media, pero es que tenía que echar una carta y me he entretenido mucho pegando el sello.

Las mujeres, de Enrique Jardiel Poncela

No envidies... tu vida es maravillosa tal cual es

La envidia es el malestar que se siente ante la felicidad ajena y es el deseo de poseer lo que otros tienen. La baja autoestima, la autocrítica, el desprecio hacia lo que somos y hemos adquirido a través de los años son sus fuentes de poder. Sin embargo, pocos toman en cuenta que esas vidas que tanto envidiamos pueden ser una fachada, un engaño. El lado más ridículo de este bajo sentimiento es que nos incita a meternos en una competencia a la que nadie nos ha invitado, y sólo el que la padece se esfuerza denodadamente y sufre por ganarla. Por desgracia, es difícil encontrar a un ser humano que no la haya experimentado alguna vez. Se ha dicho que la capacidad de una persona para admirar con pureza es el mejor antídoto contra la envidia, pero la esencia del ser humano, tan escurridiza y multifacética como es, no puede sustraerse a ello y desea... desea lo que tiene el vecino, el amigo y el colega, desea ser otro, desea vivir de otra forma y tener otras cosas... hasta que llega un día en que se da cuenta que por ese ansia de lo ajeno perdió su propia vida.

No podemos, por lo tanto, vivir postergando la felicidad; debemos focalizarnos en lo que somos y en lo que hemos conseguido. No debemos continuar derrochando más tiempo, más oportunidades. Valorar, pues, lo que tenemos, lo que somos y a quienes nos rodean, es el modo de dejar de anhelar aquello que tanto nos tortura.

Cómo evitar el estrés posvacacional

*P*or disparatado que parezca, mucha gente termina más desgastada de las vacaciones que del año laboral. Sucede que, en vez de tratar de desenchufarse del ritmo cotidiano, emprenden una maratón que los deja exhaustos. Establecen como destino lugares absolutamente estresantes, trabajan horas extras y piden créditos para pagar «la escapadita» y arreglar el coche; lavan, planchan y arreglan todas aquellas prendas que quieren poner en la maleta, y, encima tienen que emprender una búsqueda desesperada para hallar a alguien que, en su ausencia, les riegue las plantas y le dé de comer al perro.

Cuando llegan «a la tierra prometida», tratan de realizar en unos días lo que no pudieron durante el año. Corren a la mañana, nadan al mediodía, cambian todos sus hábitos alimenticios, suben montañas, bucean. Claro… terminan las vacaciones y todos acaban con los estómagos destrozados, quemados por el sol, entumecidos por el esfuerzo y, encima, endeudados. ¿Qué hacer pues?

Lo ideal es apuntar al descanso y al saludable esparcimiento, sin exigir al cuerpo, sin sobrecargarse de actividades y sin comprometer la economía familiar. No es necesario viajar a lugares exóticos para apartarse de la rutina. A veces es preferible dirigirse a sitios más cercanos que estén en contacto con la naturaleza y que nos brinden la posibilidad de recuperar la serenidad y armonía tan indispensables para la salud.

Ver lo positivo de una situación adversa

El desempleo es uno de los tantos dramas que se vive hoy día. La pérdida de trabajo, aunque se cuente con ahorros e indemnización, genera profundos problemas en la persona y en la familia entera. Para hacerle frente a este tema, he aquí algunas sugerencias:

1. Ponle nombre al problema y domínalo. Haz una lista de temas específicos que te preocupan y piensa en una posible solución para cada uno de ellos.
2. Elabora un plan para resolver tu situación laboral.
3. Evita a las personas negativas, en su lugar, acércate a quienes te aporten soluciones e ideas positivas y creativas.
4. Concéntrate en el éxito. Recuerda la ley de atracción. Si crees firmemente que conseguirás trabajo, así será.
5. Mantente ocupado… Hazte un programa diario de búsqueda laboral.
6. Actualiza y moderniza tu currículum vitae.
7. No te compares con otras personas: el impacto de la pérdida del empleo varía según quién la experimente.
8. Valora trabajar sin estar en relación de dependencia.
9. No centres tu búsqueda solamente en lo que ya has trabajado, amplía tus horizontes.
10. Si te sientes mal y deprimido, busca ayuda profesional. Ignorar una depresión puede tener un costo más elevado que el de un tratamiento.

Renueva tu casa y tus ganas de vivir en ella

Cuando llegamos a un nuevo piso o casa lo primero que pensamos es en arreglar cualquier detalle de cables y cañerías, los colores con que pintaremos las paredes, qué cortinas pondremos, cómo decoraremos la habitación y dónde pondremos cada cosa. Atendemos cada detalle para que ese lugar tan querido sea el espacio perfecto para descansar, organizar reuniones con amigos, trabajar y disfrutar.

Pasado un tiempo, toda esa exaltación e ímpetu comienzan a evaporarse; dejamos de realizar remodelaciones o arreglos, y nuestro hogar comienza a tornarse poco confortable, e incluso aburrido. Para resolver este problema existen soluciones simples y rápidas tales como cambiar el mobiliario de lugar, adquirir algún cuadro o adorno, modificar la iluminación, jugar con los colores y texturas de los almohadones y cobertores… son opciones fáciles y divertidas que dan resultados sorprendentes. Nuestra vivienda cambiará y nos hallaremos más cómodos en ella.

Sugerencia: Si deseas mejorar la disposición de tus muebles puedes consultar libros de Feng Shui. Allí hallarás excelentes ideas para ubicarlos de una manera más armónica y conveniente.

Descubre el verdadero amor

El amor no tiene intención, no espera retribución, no critica ni somete, sino que cuida, reconforta, alienta, ayuda, da, está atento y se ocupa del bienestar propio y ajeno. Cuando se ama se busca el bien, se perdona, se comprende. Para amar a otros es importante amarse a sí mismo, pero esto no debe ser confundido con el egocentrismo o el narcisismo. Si logras perdonarte y reconciliarte con tus errores, fallos, flaquezas, limitaciones, podrás entender y aceptar mejor las debilidades y problemas de los demás. Puede ser muy difícil echar de tu lado a ese dictador interno que te encoge, te señala; pero es fundamental que luches sin descanso para apartarlo de ti, arrojarlo de ese lugar tiránico que ocupa y usa para maltratarte. Cuando logres someterlo, verás que te será más fácil estimar, querer y acercarte mejor a tus vecinos, amigos y familia. Acéptate y acepta a los demás como son. La perfección no existe.

Lo que no es amor

Querer para mí significaba comportarme con otro como un tirano y sentirme moralmente superior a él. En toda mi vida no he podido imaginarme otro tipo de amor y he llegado a un punto en que pienso a veces que el amor consiste precisamente en eso, en el derecho voluntariamente otorgado por el objeto amado a dejarse tiranizar.

Memorias del subsuelo, Fiódor Dostoievski

Amistad inquebrantable

Dos amigos viajaban por el desierto y en un determinado punto del viaje discutieron.

Uno de ellos, ofendido, sin nada que decir, escribió en la arena:

«Hoy mi mejor amigo me pegó una bofetada en el rostro».

Siguieron adelante y llegaron a un oasis donde resolvieron bañarse. El que había sido abofeteado y lastimado comenzó a ahogarse, siendo rescatado por su amigo. Al recuperarse, el salvado tomó un estilete y escribió en una piedra:

«Hoy mi mejor amigo me salvó la vida».

Intrigado, el amigo preguntó:

—¿Por qué, después que te lastimé, escribiste en la arena, y ahora escribes en una piedra?

Sonriendo, el otro respondió:

—Cuando un gran amigo nos ofende, debemos dejarlo asentado en la arena, donde el viento del olvido y el perdón se encargarán de borrarlo y apagarlo; por otro lado, cuando nos sucede algo grandioso, debemos grabarlo en la piedra de la memoria del corazón, donde viento ninguno en todo el mundo podrá borrarlo.

Cuento árabe anónimo

Puedes sobreponerte a una ruptura

Cuando nos enamoramos, nuestra vida gira en torno al ser amado, y, ni por asomo, queremos pensar en la posibilidad de una ruptura. De hecho, muchos prefieren vivir en ambientes hostiles y soportar infidelidades e indiferencia antes que tomar la decisión de terminar una relación patológica. Sin embargo, cuando ya es imposible seguir adelante, se hace inevitable optar por la separación; y aunque el cambio sea para mejorar, al principio, continuar la vida sin la pareja puede costar sangre, sudor y lágrimas. En un momento como ése es indispensable contar con amigos y familiares para superar el trance.

Quedarse en casa, al principio, es necesario y correcto, pero no debemos permitir que esto se prolongue en el tiempo, porque a la larga sólo terminará produciendo más dolor.

Apelar a toda la fuerza de voluntad que se tenga, hacer cosas que motiven... todo ayuda a pasar el mal trago. Por otra parte, recibir la asistencia de un buen terapeuta podría ser fundamental para salir más rápido de esta situación crítica.

No hay que desesperarse, y jamás hay que olvidar que la resolución fue tomada con el objetivo de mejorar la calidad de vida. Todos podemos rehacer nuestras vidas y sobrevivir a situaciones límite.

No llores por haber perdido el Sol, pues las lágrimas te impedirán ver las estrellas.

Rabindranath Tagore

Ve a ver obras de teatro; será divertido y estimulante

El teatro es la rama del arte escénico que está relacionada con la actuación y en la que se combinan gestos, movimientos, decorados, vestuarios, ritmos diversos, luces, espectáculos y discursos para representar obras frente a una audiencia. Éste, al igual que la música y la danza, constituye una maravillosa oportunidad para liberar aquello que guardamos en nuestro interior, para ser de esa forma diferente que deseamos ser y que, por distintas razones, no nos animamos. Este arte se remonta a tiempos muy lejanos, porque siempre fue una atracción para el ser humano cambiar de apariencia y personalidad y poder trasmitir pensamientos y sentimientos a través de un otro. El teatro permite salirse de uno mismo y asumir nuevas identidades, experimentar sensaciones diferentes, expresarnos como nunca lo habíamos hecho. Por otro lado, asistir al teatro también es encantador ya que hay una infinidad de obras capaces de divertirnos y provocar emociones, evocar episodios de nuestras vidas y hasta producir identificación con sus personajes.

Si deseas vincularte más con el teatro, no es difícil, ya que en la actualidad existe una impresionante oferta de obras teatrales en cartelera, bibliografía, cursos, talleres y grupos de representación.

Reencuentra la pasión perdida con tu pareja

Es posible que el deseo que sientes por tu pareja ya no sea el mismo que al principio. Seguramente, a estas alturas, hiciste de todo para que volviera esa intensidad perdida: velas, aromas, música, salidas... y, sin embargo, nada parece funcionar. Muchas veces este desinterés por el sexo aflora cuando se está estresado o abrumado por las obligaciones, por lo cual disfrutar de un encuentro y sentir necesidad del otro es casi un imposible. En ese caso, relajarse, buscar la propia tranquilidad y levantar el pie del acelerador podría ser una buena solución. También puede suceder que estés atravesando un mal momento emocional y que debas hacer terapia o darte tiempo para ver si tu estado de ánimo cambia.

Una cuestión muy recurrente es cuando por diversos motivos se empieza a tener una imagen distorsionada y negativa del cuerpo, y eso dificulta mantener la desnudez delante del otro, en cuyo caso será imprescindible trabajar con la autoestima. Finalmente, pero no por ello menos importante, es considerar si tu falta de interés sexual no se debe a un enfado con tu compañero o compañera que, consciente o inconscientemente, estás manifestando a través del alejamiento y la apatía. Esto ocurre cuando se acumulan, durante un tiempo, pequeños hechos molestos y roces cotidianos que desgastan y de los cuales no se habla, por lo cual conversar, acordar y corregir ciertas normas de convivencia lograrán posiblemente reestablecer la bella relación que se tenía.

Cuidar el aura

El aura, fenómeno muy conocido desde la antigüedad, es un campo energético de radiación luminosa multicolor que rodea a toda materia, a toda forma de vida, y cuyas vibraciones y colores representan ciertas características. Esta energía que nos envuelve nos defiende de radiaciones externas. Sin embargo, pocos tienen la sensibilidad como para verla, y éstos necesitan de un entrenamiento previo. En este gran envoltorio energético se puede observar de todo: estados de ánimo, enfermedades, emociones y actitudes.

Si nos referimos a la salud, por ejemplo, cuando un órgano no está funcionando correctamente, el lugar donde está ubicado irradia más débilmente. El color rojo en el aura se genera a causa de pensamientos y emociones destructivos; el amarillo, aparece cuando tenemos pasiones y emociones negativas; el verde, si bien indica al igual que los dos anteriores, una pérdida de energía, también implica pensamientos positivos y esperanza en la persona; el azul habla de armonía, equilibrio y sintonización con el universo; el añil señala a una personalidad intuitiva, que vive en paz y posee una gran comprensión; el violeta indica un estado de clarividencia, comprensión e interrelación con el Todo.

Cómo cuidar el aura: alejándose de situaciones de estrés, de sentimientos bajos, comiendo sanamente, haciendo ejercicios, y siendo capaces de dar y recibir amor, solidaridad y bondad.

Apuesta por una vida sana y natural: la filosofía slow food

Se trata de un movimiento internacional que se opone a la propuesta del Fast Food (comida rápida) y que pone el acento en la sutileza de los sabores, la agricultura a pequeña escala y la producción alimentaria artesanal. Además, promueve una filosofía que combina placer, conocimiento y el arte de comer pausada y apaciblemente, lo cual permite degustar y disfrutar. Se le otorga particular importancia al consumo de alimentos de buena calidad y sin químicos, todo con el objetivo de recuperar las tradiciones locales, luchar contra la pérdida de interés en la buena alimentación, alentar el conocimiento de los orígenes y de las características de las distintas comidas y, en fin, demostrar cómo nuestras costumbres alimentarias influyen en el mundo.

También hacen hincapié en que los alimentos sean producidos con el cuidado de no dañar el medio ambiente y la salud de las personas.

Acepta el desafío: *averigua sobre este movimiento, ponte en contacto con su filosofía y atrévete a vivir con este nuevo estilo.*

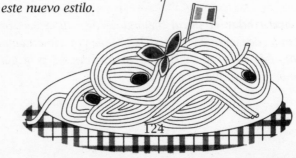

124

El domingo también es un gran día

Domingo… las calles parecen más desiertas, percibimos una sensación extraña que no podemos definir, una lejana tristeza se apodera de nosotros y desperdiciamos cada minuto del día enojados porque mañana será lunes.

Qué cierto y tangible es ese malestar que experimentamos cuando llega el domingo, y más cierto aún es la manera en que lo desaprovechamos con enojo y angustia.

Este síndrome dominguero se debe a una anticipación de lo que será la semana… presiones, obligaciones, jornadas extenuantes, así como también la lejanía del confort que nos ofrece el hogar. Pero teniendo en cuenta lo importantes que son para la salud mental y física los momentos de ocio y descanso, desaprovechar un día con pensamientos negativos y disgusto es ir en contra de los propios intereses y atentar contra nuestros propios intereses.

Si a ti te sucede esto, deberías platearte cambiar de actitud y tomar el día como lo que es: una oportunidad para relajarse, pasear y divertirse.

Sal a caminar, a ver películas, a charlar con amigos, úsalo para hacer todo aquello que no puedes hacer en la semana. Aprende a controlar tu mente y a dirigir tus pensamientos, para que cuando aparezca esa sombra de preocupación la puedas disipar rápidamente. Verás que, con el tiempo, ese cambio te brindará la posibilidad de gozar de más momentos para tu vida personal y familiar.

Puedes divertirte con poco dinero

Muchos sueñan con destinos remotos y exóticos. Lugares paradisíacos absolutamente diferentes al paisaje habitual. Escenarios bucólicos, faunas salvajes, páramos colmados de originales y coloridas plantas, playas inmensas con mares celestes y cálidos. Desgraciadamente, ya sea por el tiempo de vacaciones que tenemos o por cuestiones financieras, a veces se torna difícil programar un viaje de tamaña envergadura. Esto puede producir frustración y enojo. Sin embargo, el razonar de esta manera induce a un error, y éste es el pensar que el mejor destino es aquél que está a miles de kilómetros, cuando lo cierto es que el lugar ideal puede hallarse más cerca de lo que se piensa. Tomarse un tiempo para recorrer casas de turismo que brinden información acerca de las bellezas que ofrece cada provincia, buscar en Internet escondrijos y pueblitos dentro del país (que poseen su propio estilo y encanto), mirar periódicos en donde salen reportajes de gente que ha viajado y conocido regiones que jamás hubiéramos tomado en cuenta para visitar, podrían ofrecer una posibilidad nueva y maravillosa. Tomar el automóvil y salir sin rumbo cierto también podría resultar una excelente propuesta para conocer sitios alejados de la ciudad y con atractivos. Lo peor que se puede hacer es no saber aprovechar lo que ofrece nuestro entorno más cercano y, en su lugar, quedarse estancado, varado, sufriendo por no llegar a la otra punta del planeta.

Reencontrarse con esos amigos perdidos

A lo largo de la vida, uno conoce y se distancia de muchas personas. Si pudiéramos hacer una lista, nos sorprendería ver la cantidad de gente con la que hemos compartido vivencias y que jamás volvimos a encontrar. Muchas han dejado en nosotros recuerdos especialmente bellos, imborrables: una compañera de pupitre, un amigo de juegos, un compinche de juerga o alguien con quien pasamos momentos especiales. Inmediatamente nos viene a la mente qué habrá sido de ellos y qué sucedería si los tratáramos de ubicar.

¿Qué tal si tratas de contactarlos? Busca en tus viejas agendas, en directorios telefónicos o por Internet sus teléfonos o direcciones de correo, seguramente se alegrarán al recibir noticias tuyas. El reencuentro permitirá recordar viejos tiempos, evocar bellos episodios de la vida, reírse de anécdotas y reflotar sentimientos que se creían perdidos. Quizá hasta podría convertirse en una excelente oportunidad para retomar la amistad que tenían.

No te dejes abatir por las despedidas. Son indispensables como preparación para el reencuentro y es seguro que los amigos se reencontrarán, después de algunos momentos o de todo un ciclo vital.

Richard Bach

Es fundamental que pongas límites a los niños

Es muy difícil que funcione bien una familia cuando no hay límites claros. Malas contestaciones y comportamientos desagradables pueden hacer del hogar un verdadero infierno. ¿Qué criterios prácticos, pues, pueden guiarnos para que los límites que pongamos sean efectivos? Primero, las normas deben ser claras y precisas, no arbitrarias. Es importante, además, que haya diálogo entre padres e hijos, sobre todo, para explicar el sentido de tales medidas; los hijos no deben creer que se trata de absurdas imposiciones, sino de reglas que los protegerán y educarán.

También es relevante darles espacio para que opinen y expresen lo que piensen.

Si deseamos crear un ambiente favorable para su crecimiento no se los deberá menospreciar por ser jóvenes, muy por el contrario, se los deberá valorar, amar y respetar. Por otra parte, es importante de qué manera decimos «No». Los gritos no son una solución sino más bien un problema. Finalmente, es fundamental dar ejemplo; si no vivimos de acuerdo con lo que decimos, en algún momento seremos descubiertos y desacreditados por nuestros hijos, y cualquier intento de imponer orden será desoído.

Don Bosco decía: «Que los jóvenes no sólo sean amados, sino que ellos mismos se den cuenta de que son amados».

Cielo propio

Había un gorrión minúsculo que, cuando retumbaba el trueno de la tormenta, se tumbaba en el suelo y levantaba sus patitas hacia el cielo.

—¿Por qué haces eso? —le preguntó un zorro.

—¡Para proteger a la tierra, que contiene muchos seres vivos! —contestó el gorrión—. Si por desgracia el cielo cayese de repente, ¿te das cuenta de lo que ocurriría? Por eso levanto mis patas para sostenerlo.

—¿Con tus enclenques patitas quieres sostener el inmenso cielo? —preguntó el zorro.

—Aquí abajo cada uno tiene su cielo —dijo el gorrión—. Vete... tú no lo puedes comprender...

Cuento anónimo turco

129

Medita: te brindará equilibrio y alegría

*L*a meditación es un tipo de ejercicio mental, es la práctica de un estado de atención concentrada, mediante la cual podemos apartarnos del miedo, la ansiedad, la angustia, el estrés, y conectarnos con la paz, el equilibrio, con nuestro lado positivo, nuestros sentimientos e ideas. Meditar no es tan fácil como realizar una serie de abdominales o una caminata de diez minutos, sino que requiere constancia, voluntad y paciencia.

La intención de la persona que medita (en los primeros niveles) no es controlar los pensamientos sino apaciguarlos.

Hágamos un ejercicio

1. *Ubícate en un lugar que te resulte agradable y en la postura que te sea más cómoda.*
2. *Cierra los ojos y concéntrate en tu respiración.*
3. *Inspira y espira despacio y profundamente.*
4. *Siente cómo tu cuerpo se mueve cada vez que entra y sale aire de él.*
5. *Deja fluir tus pensamientos. No trates de controlarlos.*
6. *Cuando notes que te has serenado un poco, trata de recitar algún mantra.*
7. *Recítalo constantemente y con toda la atención puesta en él, dejando que otros pensamientos se evaporen,*

se aparten. Normalmente esto no es fácil porque nuestra mente es como si estuviera habitada por miles de animales salvajes y cada uno de ellos tiene su propia fuerza y decisión, por lo que, ejercer el control te llevará tiempo. Solo es cuestión de no desistir. Cuando sientas que la atención se dispersa, vuelve a traer tu mente amablemente hacia el mantra en el que estabas trabajando; de este modo comenzarás a calmarte y tu cuerpo a relajarse.

No te obsesiones por la limpieza y el orden

Miles de personas, sin ser plenamente conscientes del problema, poco a poco, comienzan a dedicar cada vez más tiempo al orden, ya que es su modo de canalizar sus angustias y temores. Aunque sea por un momento, ver todo en su lugar y en perfecto estado, les proporciona alivio. Sin embargo, casi inmediatamente, cualquier atisbo de desorden o suciedad vuelve a ocasionarles la misma sensación experimentada momentos atrás. Un proceso de estas características convierte la casa en una especie de museo en donde nada se puede tocar o mover. Por otro lado, los familiares que se ven involucrados en tal situación, viendo que en el hogar no tienen espacio para descansar y divertirse a gusto, terminan detestándolo. Todo ello acaba deteriorando las relaciones familiares.

Las causas de este problema pueden ser múltiples: el tipo de educación recibida, problemas afectivos, episodios de estrés.

¿Cómo poner freno al problema? Haciendo un trabajo interno para controlar el deseo de tener todo perfecto; permitiendo, de a poco, que algunas cosas queden fuera de lugar o que no se hallen impecablemente aseadas; evitando «escanear» cada rincón para detectar irregularidades y desórdenes y, si el problema lo suficientemente molesto y agudo, asistiendo a terapia.

Cuida tu tiempo como si fuera un tesoro

Tu tiempo te pertenece y solo tú puedes decidir a quién o a qué lo dedicas. Si tienes la mayor parte de él asignado a todo tipo de obligaciones, será imprescindible que administres perfectamente el manejo de tus horas de ocio y descanso.

Sin adoptar una postura egoísta, trata de limitar algunos compromisos sociales y, en su lugar, fíjate qué actividades divertidas y gratificantes puedes emprender. Hay que hallar un equilibrio entre lo que nos demandan los otros y nuestras propias necesidades.

Si aparece un amigo que solicita tu ayuda, aunque eso requiera renunciar al deseado descanso, asístelo, pero inmediatamente trata de rescatar tiempo para ti. Quizá tengas en tu lista de obligaciones algunas tareas de poca importancia que podrías posponer, aunque sea por unos días, para acceder al reposo o recreación que debiste resignar en su momento.

No dilapides toda tu vida entre deberes y responsabilidades, ten en cuenta el valor de los pequeños momentos de felicidad y paz. Defiéndelos y úsalos sabiamente.

La gente vulgar sólo piensa en pasar el tiempo, el que tiene talento... en aprovecharlo.

Arthur Schopenhauer

Cambiar de trabajo siempre es posible

Si bien en la actualidad el mercado laboral es bastante discriminatorio y pone muchas trabas para las personas que han pasado los treinta y cinco años, cambiar de oficio después de esa edad no es imposible si uno está decidido y posee una convicción firme al respecto.

«Caminante no hay camino, se hace camino al andar», decía Machado y sabía de lo que hablaba, porque es absolutamente cierto que uno puede modificar y virar su destino. Siendo jóvenes, muchos eligieron una carrera por consejo de sus padres, otros porque sintieron un verdadero llamado, una vocación. Sin embargo, en un punto determinado de la vida, sea cual fuere el motivo, comenzaron a anhelar un cambio, aparecieron nuevas inquietudes.

Y es que, en realidad, no hay nada en este mundo que obligue a una persona a dedicarse a algo durante toda su vida, por lo cual, en cualquier momento y a cualquier edad, puede surgir una nueva vocación, una nueva forma de «ganarse la vida». Y si se está dispuesto a hacer el esfuerzo que requiere el aprendizaje de cualquier profesión, es posible adentrarse de lleno en esta nueva realidad.

Lejos, muy lejos están muchos de darse cuenta que ese cambio al que tanto temen puede ser una bendición. El proceso seguramente no es sencillo porque conlleva todo una transformación, pero si con ello se logra liberarse del tedio y la insatisfacción, el empeño habrá valido la pena.

Sé comprensivo con los que te rodean

La empatía solemos entenderla como la capacidad de ponerse en el lugar del otro, en sus zapatos... se trata justamente de ser receptivos hacia las características y problemas de los demás. Muchos de nuestros conflictos suelen originarse a partir de deducciones erróneas y prejuicios, porque no nos interesamos en lo que le sucede a «los otros», y, a partir de allí, surgen miles de malentendidos y disputas. Rara vez nos damos la oportunidad de pensar que ése que se nos adelantó, nos atropelló o no nos respondió bien puede estar en aprietos o quizá tenga un problema grave; en cambio, nos abandonamos a pensamientos del tipo: es un irresponsable, un maleducado, un irrespetuoso insensible. Esto hace que nos amarguemos y realicemos categorizaciones universales del tipo «la gente está perdida», «los valores se han extinguido», «ya no se puede andar por la calle, todos son unos avasalladores».

Para vivir de manera más relajada y cordial y no perder la fe en la humanidad, es mejor asumir una actitud más solidaria y comprensiva; y, sobre todo, se debe aprender a perdonar. Esto no sólo ayuda a que las cosas funcionen bien para todos sino que, a nivel personal, nos brinda la posibilidad de vivir en paz.

No postergues más

Cuando necesitamos hacer un cambio o emprender una acción, la postergación puede parecer una alternativa tentadora; sin embargo, lejos de brindar una solución, sólo provoca confusión y angustia.

Muy poca gente puede decir con honestidad que no ha dejado de lado obligaciones y proyectos, que no los ha arrinconado en el cajón del «alguna vez lo haré»; y son menos aún los que han encontrado en las dilaciones el procedimiento adecuado para resolver asuntos y cumplir con obligaciones. Las tácticas dilatorias sólo logran que los incumplimientos se acumulen, las decisiones se pospongan indefinidamente y queden muchas cosas sin resolver en nuestra vida. Esto genera, obviamente, una sensación difusa de desazón. Cuestiones resueltas y cumplidas en término producen optimismo, ganas de emprender nuevos proyectos y aumento de la confianza en uno mismo.

Sugerencia: Empieza a cambiar tu actitud y vocabulario. En vez de «quizás», «espero» o «deseo», ponte a hacer las cosas; repítete a ti mismo que «no postergarás más». Elabora un plan con todo lo que debes realizar y ponle fechas de cumplimiento; esto te dará la oportunidad de embarcarte en nuevos y divertidos desafíos.

Tómate el tiempo necesario para hacer cada cosa

Decidirse a abandonar la cultura de la velocidad implica dar un gran paso, un cambio profundo. Significa no dejarse llevar por la vorágine cotidiana y vivir más pausadamente, paladeando cada momento. Si bien hoy en día hay un culto al reloj y a la rapidez, no significa que sea ése el camino correcto; por el contrario, habla de una grave desmejora en la calidad de vida. La gente corre en vez de caminar, jadea en lugar de respirar, traga en vez de degustar y así van transcurriendo los días… sin notarlo, porque justamente la velocidad no permite registrar las vivencias y disfrutarlas. La velocidad confunde, marea, desgasta y nos aleja de la serenidad y el gusto por la vida. Para hacer frente a este modo de vida hay que modificar nuestra manera de pensar y cultivar nuevas costumbres. Kundera se refiere a esta filosofía de vida como «la sabiduría de la lentitud». Esto de ninguna manera significa «operar en cámara lenta todo el tiempo», cada momento o situación requiere posiblemente diferentes ritmos y celeridades, la cuestión es aplicar la prisa sólo cuando es necesaria. Por este motivo, primero debemos aclarar nuestra mente; segundo, aprender a discernir entre lo que puede requerir velocidad y lo que puede realizarse sosegadamente; tercero, poner a un lado la impaciencia; cuarto, relajarse; quinto, entender que no por hacer las cosas con prisa las cosas saldrán mejor; sexto, aprender a observar esos pequeños detalles que sólo podemos percibir con la lentitud.

Tu vocabulario: ¿atrae o repele?

Las palabras establecen límites, hieren, agravian, desatan guerras, establecen acuerdos, alegran, enamoran, rebajan, seducen, crean, destruyen, expresan lo que somos y cómo sentimos. Tienen un poder enorme. Sin embargo, solemos emplearlas indiscriminadamente, sin filtros, con total impunidad. No nos tomamos el tiempo suficiente para seleccionarlas y utilizarlas con propiedad.

Nuestras expresiones tienen la fuerza suficiente como para repeler a la gente o atraerla. Si nuestro discurso habitual esta impregnado de agresividad o tristeza o negatividad o amargura, lo más probable es que la gente sienta desagrado ante nuestra presencia, ya que no es grata la compañía de alguien que centra toda su conversación en cuestiones dolorosas o tétricas. En cambio, palabras amables, alegres, de esperanza, hacen posible un acercamiento más placentero con el otro. Está claro que todos tenemos problemas, que todos, en mayor o menor medida, estamos o estuvimos en contacto con el dolor, pero no necesariamente eso debe estar presente en todo lo que verbalizamos. La moderación, la reflexión y la sabia elección de lo que comunicaremos es la clave para mejorar nuestras relaciones.

Cuento de las dos vasijas

Un aguador tenía dos grandes vasijas que colgaba en los extremos de un palo que llevaba sobre los hombros. Una tenía grietas por las que se escapaba el agua, mientras que la otra estaba perfecta y mantenía intacto su contenido. La vasija sin grietas estaba orgullosa de su desempeño mientras que la pobre vasija agrietada estaba triste por su propia imperfección. Así que al cabo de un tiempo, ésta le dijo al aguador:

—Estoy avergonzada y me quiero disculpar contigo, porque debido a mis grietas sólo obtienes la mitad del valor que deberías recibir por tu trabajo.

El aguador le contestó:

—Cuando regresemos a casa quiero que notes las bellas flores que crecen a lo largo del camino.

Así lo hizo la tinaja y, en efecto, vio muchísimas flores a lo largo del camino; pero siguió sintiéndose mal porque al final sólo guardaba dentro de sí la mitad del agua que debía contener.

El aguador le dijo entonces:

—¿Te diste cuenta de que las flores sólo crecen en tu lado del sendero? Quise sacar partido de tus grietas y sembré semillas de flores. Todos los días las riegas y durante años las he recogido. Si no fueras como eres, no hubiera sido posible crear esa belleza.

Todos somos vasijas agrietadas por alguna parte, pero siempre existe la posibilidad de aprovechar las grietas para obtener buenos resultados.

Cuento anónimo hindú

Olvida los agravios y perdona con amor

En la Biblia, Mateo 18:21-22, se puede leer lo siguiente: «Entonces se le acercó Pedro y le dijo: Señor, ¿cuántas veces perdonaré a aquel hermano que peque contra mí?, ¿hasta siete? Jesús, entonces, le respondió: No te digo hasta siete, sino setenta veces siete».

¿En cuántas oportunidades nos hemos sentido ofendidos por actitudes o palabras de amigos, colegas o familiares? Posiblemente, muchas. Pero en cuántas nos hemos equivocado, respondido mal o fallado a alguna. Cuesta admitirlo, pero seguramente, muchas, también. Entonces... ¿por qué juzgar a otros por actos que nosotros mismos cometemos? No perdonar es no perdonarnos, señalar los defectos de los otros es no hacerse cargo de los propios. Generalmente, el orgullo suele jugar un papel muy importante en esta cuestión y la soberbia termina por ponerle el broche de oro. «No puedo tolerar este atropello», «No dejaré que me vuelva a hacer esto», «Es la última vez que se lo permito» son expresiones con las que claramente afirmamos que el otro es imperfecto y no merece nuestra compañía; nosotros, en cambio, somos un dechado de virtudes, no nos equivocamos, nunca faltamos el respeto, somos un ejemplo de perfección. Dicho así, suena muy gracioso, pero nos ayuda a ver cuán lejos está esa opinión de la realidad.

Recuerda: Antes de negar el perdón, ten presente tus propios defectos.

¿Te agobia la indecisión?

Vacilar no está mal, siempre es bueno evaluar, comparar y sopesar antes de tomar una decisión. Cosa diferente es cuando «somos indecisos» y hasta el paso más pequeño nos produce inestabilidad y nos instala en un lugar de no resolución. Decidir es importante. Es lo que hace que nos movilicemos y avancemos en la vida. Una de las principales causas de la irresolución suele ser la baja autoestima, la sensación de inseguridad, la falta de confianza en nuestra capacidad para tomar determinaciones. Por ello, generalmente, o quedamos atascados sin poder afrontar un problema o terminamos pidiendo opiniones a otros. Decidir, aún siendo conscientes de que podemos errar, implica hacernos cargo de nuestra existencia. Podremos equivocarnos o fracasar, pero será lo que elegimos, lo que aceptamos enfrentar con valentía a pesar de las posibles consecuencias. Hasta los más exitosos hombres de negocios yerran y sin embargo, siguen afrontando nuevos desafíos. Lo importante es no desistir, empezar a creer en nosotros mismos, darnos la posibilidad de elegir y optar, tener la entereza necesaria para aceptar los fracasos y disfrutar los éxitos, y sobre todo, abrirnos a la posibilidad de que nuestras elecciones pueden ser acertadas, coherentes y hasta brillantes.

La codicia envilece, aléjate de ella

La palabra codicia significa «pasión, deseo», y es sinónimo de «afán excesivo». De ahí que no importe lo que se posea o las metas que se hayan logrado porque la codicia no tiene límites... nace de la insatisfacción, y todo lo que se desprende de ella perjudica la calidad de vida y compromete seriamente la integridad física y espiritual.

Aquellos que caen en las garras de la codicia entran en una carrera por conseguir y acumular dinero, reconocimiento, poder y objetos de todo tipo y pierden de vista cuestiones tales como el amor, el compañerismo, la lealtad y la felicidad. Los codiciosos no saben qué es disfrutar o ser felices, ya que siempre van por más. Viven engañando y engañándose a sí mismos, y una vez que comenzaron a transitar por el camino que creen que los conducirán al éxito, anulan su libertad, porque se convierten en esclavos del temor a perderlo todo. De ahí que, con el tiempo, se tornen más desconfiados y recelosos de cuantos los rodean y se vuelvan más egoístas y desconsiderados.

Por todo esto, es necesario combatir contra la codicia, no ceder ante el anhelo desenfrenado y desmedido de lo que no se posee. Es indispensable aprender a disfrutar y apreciar lo que se ha alcanzado, evaluar y redimensionar las verdaderas necesidades y valorizar lo poco o mucho que se ha conseguido.

¡Afuera la tristeza navideña!

Se acercan las fiestas y se respira un aire diferente: gente haciendo compras, festejos anticipados con colegas y amigos, preparación de comidas, montones de llamadas telefónicas para coordinar quién llevará una cosa, quién preparará otra y en qué casa se organizará el festín. Y tú estás triste. Puede ser que estés solo, que algún ser querido ya no esté contigo, que te moleste el alboroto; no importa el motivo, el solo hecho de pensar en las fiestas te perturba. Comienzas a hacer el balance de tu vida y consideras que el saldo es desfavorable, que tu vida no se convirtió en aquello que alguna vez soñaste. Aumenta la angustia y sólo deseas que se terminen los brindis. Pero en el fondo sabes que te sientes así porque estas fechas te recuerdan que algo no anda bien en tu vida. Quizá no te ocupaste de hacer amigos —o de cuidar los que tuviste—, no intentaste conocer un nuevo amor, no hiciste lo suficiente para tener a la familia cerca y unida. Entonces, pues, qué bueno que existan las fiestas, para estimularte, para hacerte reaccionar, para que te des cuenta que tienes que luchar en pos de la felicidad. Empieza desde el primer día del año a dedicarte más a los padres, hermanos, amigos, conoce gente nueva, sé solidario y verás cómo, la próxima vez, adorarás este momento tan particular del año.

Recuerda… hoy puede ser que desees que pasen las fiestas; mañana puedes desear que una semana complicada se termine pronto; luego, desearás que se te pase la vida…

143

Cosas que podemos cambiar y cosas que no

Hay miles de circunstancias y cuestiones que nos angustian y enojan alternativamente. La vida tiene sus bemoles y hay que poner voluntad si se desea ser feliz. Un factor fundamental para vivir mejor y no entrar en una escalada de bronca y frustración, es aprender distinguir claramente entre lo que podemos y lo que no podemos cambiar. Es importante para no malgastar nuestras energías y tiempo en cuestiones que no está en nosotros resolver. Casi todos los días nos hacemos «mala sangre» por cosas que no tenemos el poder de modificar. Si me estacionan un automóvil frente a mi garaje, puedo solucionarlo; si tengo un vecino ruidoso, hablando con él, quizá llegue a un acuerdo; pero si me indigno por cosas tales como «las injusticias que pasan en el mundo», «la maldad de la gente», «los efectos nocivos de la globalización», «la general transgresión de las leyes» difícilmente pueda arreglarlo, por lo menos no solo y a corto plazo. De modo que antes de preocuparnos y amargarnos ante determinadas cuestiones que nos molestan debemos hacer una evaluación de ellas para ver si realmente está en nuestras manos la posibilidad de cambiarlas.

Dios, dame la serenidad para aceptar las cosas que no puedo cambiar, valor para cambiar lo que puedo, y sabiduría para conocer la diferencia.

Reinhold Niebuhr

Baja tu nivel de estrés

Jornadas agotadoras de trabajo, presiones y obligaciones de todo tipo, teléfonos que suenan, mails que debemos responder, plazos, trámites y miles de cuestiones más son el «pan nuestro de cada día». Solo descansamos, si tenemos suerte, en esas pocas horas de sueño o cuando conseguimos unos momentitos en el fin de semana. Sin embargo, ni lo uno ni lo otro son suficientes para relajarse, para abstraerse del ritmo enloquecedor que nos agobia a diario. Para alejarte del estrés es imprescindible que te inicies en el arte de la relajación y para ello deberás tener en cuenta lo siguiente: hallar un lugar en tu casa que esté limpio y sea acogedor, y, donde, por unos minutos, nadie te moleste o te interrumpa; colocar en lo posible luces tenues y música clásica o de relax, ubicarte en la posición que te brinde mayor comodidad; practicar respiración de manera consciente, profunda y con ritmo regular (de la manera que ya hemos visto), teniendo en cuenta cómo nuestro cuerpo se mueve al compás de ese aire que entra y sale con cada inspiración y exhalación; visualizar paisajes que evoquen sensaciones agradables, de paz y reposo. Este ejercicio, si se lleva a cabo periódicamente, puede marcar la diferencia entre vivir nervioso y alterado o sanamente.

Relaciónate mejor con los que te rodean

Para estar bien con vecinos, compañeros de trabajo, gente con la que viajamos a diario, pareja, amigos y familia, debes estar conforme y en paz contigo mismo, ésta es una premisa fundamental.

No hay manera de establecer buenos lazos si estás enemistado con lo que eres y con quien eres. Si te odias, odiarás, si te estimas y respetas, estimarás y respetarás, si te tienes paciencia, la tendrás para los demás. De modo que es importante realizar un trabajo de introspección para conocerte, para comprender tus reacciones, estados de ánimo, lo que te ocasiona desdicha, lo que te genera ira o produce dolor. Si logras aceptar y convivir con ello podrás entender a tus semejantes de una manera más agradable y armoniosa. No se trata de tolerar, porque la tolerancia es el grado ínfimo de la intolerancia, sino de estar decidido a interactuar alegre y pacíficamente más allá de todas las diferencias.

Antes de pelearte con alguien ten presente que puede tener problemas, que quizá esté atravesando un momento difícil; trata de ponerte en su lugar. La empatía suele ser la mejor manera de relacionarte sanamente y vivir más tranquilo.

Apártate de las dudas y los celos

La historia sobre celos más impresionante y contundente fue escrita por William Shakespeare en el siglo XVII: Otelo. En ella se describe el proceso decadente y enfermizo que va denigrando al pobre moro de Venecia, manipulado por las astucias de su envidioso alférez Yago. Por una infidelidad que sólo existe en su imaginación, Otelo llega al punto de asesinar a su esposa, Desdémona, para luego darse muerte a sí mismo. Si bien la cizaña de Yago juega un papel central para que se precipite la tragedia, no menos importante es la febril imaginación de Otelo, quien, abandonado completamente a sus fantasías y a su locura, aniquila lo único que ama. Y algunos dicen que los celos son inofensivos... que le dan condimento y chispa a la pareja. Habría que preguntarle a Desdémona qué piensa al respecto. Los celos no tienen nada de saludable o positivo, porque hasta en su grado más leve representan de una respuesta emocional negativa. Se producen cuando uno o ambos integrantes de la pareja sienten que el otro le pertenece y que cualquier persona que se acerque a ellos representa una amenaza. Esta situación, obviamente, no habla más que de la inseguridad y el temor del celoso y la poca confianza hacia el celado. Una relación madura, amorosa, debe basarse en el respeto, la lealtad y la confianza.

Tenlo en cuenta: Los celos, el miedo y las sospechas, lejos de ser un combustible para el amor, son una trampa mortal. Trabaja en tu interior y permítete confiar en el otro.

Doce condiciones para ser feliz

Cuando la mayor parte del tiempo estamos criticando, descuidando las relaciones con la familia y los amigos, desvalorizándonos, paralizándonos ante los desafíos o huyendo del amor, claramente estamos manifestando falta de crecimiento interior.

La vida, con todos sus matices, es bella; es una pena no disfrutarla, y para ello es indispensable cierta madurez emocional y psíquica. Una persona que desprecia lo que este mundo le brinda necesita urgentemente implementar cambios para recuperar la capacidad de alegrarse, maravillarse y amar.

Tracemos, pues, un plan que de a poco nos ayude a reconquistar esa inocencia, cariño y dicha que cuando éramos niños prodigábamos con tanta generosidad. La lista deberá contener estos doce puntos:

1. Poner todo nuestro empeño en cambiar, y luchar contra nuestra inercia.
2. Plantarnos firmemente en el presente, sin lamentarnos por el pasado o sufrir por el futuro.
3. Generar modificaciones en creencias y pensamientos perjudiciales.
4. Admitir a las personas como son.
5. Hacer frente a los miedos y frustraciones, con valor y entereza.

6. Levantarnos cada vez que caemos y seguir la marcha, aunque cueste mucho.
7. Ser solidarios.
8. Permitirnos disfrutar.
9. Creer que merecemos que nos pasen cosas buenas y hermosas.
10. Aprender a amarnos.
11. Establecer límites claros, en todo y con todos.
12. Estar abiertos y receptivos a lo que nos depara el destino.

De instante en instante

Vivía en el lugar un yogui muy anciano. Ni siquiera él mismo recordaba su edad, pero había mantenido la conciencia clara, aunque su rostro estaba apergaminado y su cuerpo se había tornado frágil como el de un pajarillo. Al despuntar el día estaba efectuando sus abluciones en las frescas aguas del río, cuando llegaron hasta él algunos aspirantes espirituales y le preguntaron qué debían hacer para adiestrarse en la verdad. El anciano los miró con infinito amor y, tras unos segundos de silencio, dijo:

—Yo me aplico del siguiente modo: Cuando como, como; cuando duermo, duermo; cuando hago mis abluciones, hago mis abluciones, y cuando muero, muero.

Cuento anónimo hindú

Sobrevive al síndrome del nido vacío

Muchos padres han dedicado gran parte de sus vidas a la crianza de los hijos. Todas sus actividades giraron, principalmente, en torno a ellos: llevarlos al colegio, lavarles ropa, prepararles comida, programar las vacaciones. De pronto, hasta el último de ellos se va, y la casa queda en silencio y con un par de conocidos-desconocidos que deben enfrentar una nueva coexistencia. Ponerse de acuerdo, a esta altura, no es nada fácil.

Actualmente se ha acuñado la expresión «síndrome del nido vacío» para describir esa mezcla de emociones que los padres experimentan cuando los hijos ya no están en el hogar y descubren que aquella vida cotidiana se ha ido para no volver. La pareja, entonces, se encuentra ante una situación desconocida, y sufre la incertidumbre de no saber cómo funcionarán las cosas de ahí en adelante. Para hacer frente a este proceso no basta con poner empeño y dedicación, sino que se impone agudizar el ingenio y transformar esa vivencia que parece negativa en algo positivo. ¿Cómo? Planificando, reorganizando los horarios y los espacios de la casa, retomando ese compañerismo y hábitos de vida previos a la aparición de los chicos y recuperando la intimidad perdida. Cada inicio tiene sus dificultades, pero también, sus éxitos. Solo es cuestión de «recalcular el rumbo».

Detalles que debes tener presente

Qué me pongo?, ¿están las prendas planchadas?, ¿está listo y completo el bolso?, ¿dónde puse las llaves de la casa y del coche?, ¿el dinero y los documentos no los había puesto en aquel cajón? Hacerse estas preguntas a diario, iniciar búsquedas desesperadas, organizar en poco tiempo un sinnúmero de objetos y salir como un cohete hacia la oficina no son cosas que deban tomarse a la ligera. Cuestiones como éstas, si no se las organiza adecuadamente, pueden producir retrasos, inconvenientes y todo tipo de malestares que, al llegar el fin del día, suman puntos a nuestro cansancio y desgaste mental.

Organicemos, pues, lo más importante

Bolsillos, carteras, maletines: ten ordenados en ellos las llaves de la casa y coche, billetera con dinero, documentos, credenciales y tarjetas. Dedica unos minutos por día a organizar estas cosas aparentemente nimias, pero que, sin embargo, quitan tiempo y entorpecen cuando están desparramadas.

Vestuario: es fundamental tenerlo listo y a punto, sobre todo, para los días laborales.

Botiquín y teléfonos de emergencia: Destina un lugar de la casa para tenerlos a mano. Una emergencia a mitad de la noche podría resolverse fácilmente si estás listo para estas eventualidades.

Documentos, tarjetas de débito y crédito: Para evitar sobresaltos es imprescindible tenerlos bien ordenados en el bolso y en un sitio específico del hogar.

Las mascotas: esos compañeros tan agradables

Perros chicos, grandes y medianos, gatos, peces de colores, tortugas y aves son la fauna común de nuestros hogares. Brindan alegría, compañía y son incondicionales.

Nos hacen salir del encierro en nosotros mismos ya que debemos ocuparnos de ellos: necesitan cuidados, alimentos, limpieza, paseos y atención veterinaria.

Todo esto nos lleva a desarrollar actividades diferentes de las habituales que nos apartan de la rutina.

Los niños rápidamente aprenden a convivir con ellos, se hacen compinches, juegan y se cuidan mutuamente. Los adultos los toman como compañeros para contarles secretos o para, en momentos especiales de la vida, no sentirse tan solos.

En la actualidad, es muy frecuente ver a gente mayor acompañada por ellos, porque los obliga a caminar y a ocuparse de sus necesidades, lo cual es excelente para alejarlos de la inactividad y la reclusión.

Sugerencia: en la actualidad hay muchos animalitos abandonados en las calles o en instituciones cuyas instalaciones no son óptimas y, por lo tanto, no pueden brindarles el cuidado necesario. Haz una adopción, ayúdalos y ayúdate. La mejor terapia es cuidar y dar amor y cariño a alguien que lo necesite.

No te quejes, atraes malas vibraciones hacia ti

La queja, aunque suene duro decirlo así, es una práctica común entre personas pesimistas y amargadas. Generalmente, los quejosos crónicos ya están tan habituados a protestar que pierden la capacidad de notar si molestan a otros y de refrenar su lamento. Cualquier lugar y persona le sirven para hacer su queja. Sin embargo, todos sabemos que, en estos casos, no solo no aporta soluciones sino que además es contraproducente. El quejoso tiene una compulsión a exponer sus dolores, descargos y ambigüedades, necesita desesperadamente que lo miren y lo escuchen. Busca permanentemente la mirada de los otros porque, en el fondo, su egoísmo no admite la indiferencia, sólo quiere más y más espectadores que le digan… ¡Pobre! ¡Qué mal la estás pasando! ¡Tienes razón de estar así!, y no admite que lo contradigan. El quejoso no desea que le hagan ver sus errores, sino que le confirmen que tiene razón de estar como está. Sólo desea, como los niños, llamar la atención, interesar «aunque sea desde la enfermedad». Esta actitud infantil, inmadura y nociva lo hunde más y más en una trampa mortal. Sólo con coraje podrá salir de ese lugar, crecer, cortar con esas ansias locas de tener a la gente pendiente de lo que le sucede y aprender a atraer por sus valores positivos y buenas cualidades. De esa forma hallará satisfacciones legítimas, que, además, tendrán la virtud de ser tan buenas para sí como para los demás.

Todos los días intenta ser un poco más sabio

El líder budista Daisaku Ikeda ha destacado en reiteradas oportunidades la profunda diferencia que hay entre el conocimiento y la sabiduría. El primero puede ser utilizado tanto para fines benéficos como maléficos; la sabiduría, en cambio, conduce infaliblemente hacia la armonía y la plenitud.

El conocimiento es un cúmulo de información, conceptos, ideas, modelos analíticos y habilidades que se han aprendido poco a poco, a través de los años. La sabiduría se afana en perseguir la prudencia para aplicar ese aprendizaje correctamente, en el lugar, tiempo y circunstancia adecuados, de modo que promueva el bien propio y el ajeno. Por lo cual, no basta sólo con adquirir conocimientos; hay que trabajar permanentemente sobre ellos, para aprovecharlos en la construcción de la sabiduría. Para lograrlo, debemos orientar nuestro saber hacia fines positivos, nobles, generosos y solidarios.

El conocimiento por sí solo no genera valor. El valor (...) sólo es creado cuando la sabiduría encauza y orienta los conocimientos. El origen de la sabiduría se encuentra en los siguientes elementos: un propósito claro que oriente cada acto; un poderoso sentido de la responsabilidad y, finalmente, un deseo compasivo y solidario de contribuir al bienestar de la humanidad.

Daisaku Ikeda

Para tomarlo con humor: El arte de amargarse la vida

Amargarse la vida, decía Paul Watzlawick, es todo un arte y, como tal, requiere dotes naturales y bastante empecinamiento. No alcanza con lamentarse o hallar obstáculos, hay que esforzarse denodadamente para lograrlo. ¿De qué sirve estar alegres si podemos vivir sufriendo? ¿Qué sería de nosotros sin esa expresión trágica que tan bien nos caracteriza? ¿Qué consecuencias nefastas nos traería una seguidilla de días buenos? Por ello, para no exponernos a la terrible posibilidad de ser felices, es necesario perseverar en las siguientes actitudes y disposiciones:

- Convertir el pasado en una fuente permanente de aflicciones.
- Vivir de arrepentimientos y culpas, ciertas e inventadas.
- No cuestionar el carácter ni intentar cambiarlo.
- Las respuestas a los conflictos internos se deberán buscar fuera de uno mismo.
- Jamás adaptarse al entorno.
- Estar siempre en el momento y lugar equivocados.
- Depositar falsas expectativas en la gente para desilusionarse.
- Autosugestionarse negativamente.
- Encontrarle a todo el lado malo.

✶ Sólo tomar en cuenta los infortunios.
✶ Nunca desistir de la idea de que hay poderes mágicos que conspiran en nuestra contra.
✶ Ni cuestionar ni enfrentar temores.
✶ No buscar soluciones coherentes a los problemas.
✶ Fijarse metas inalcanzables.
✶ Alimentar ideas fijas de carácter negativo.
✶ Llevar toda discusión a un plano irreal.

Si después de todas estas brillantes sugerencias no consigues ser lo suficientemente desdichado, no tendrás más remedio que intentar ser feliz.

«Día tras día, en todos los aspectos, me va mejor y mejor»

Esta frase de afirmación pertenece a Émile Coué, psicólogo y farmacólogo francés conocido como el padre del condicionamiento aplicado. Éste aseveraba que la autosugestión era un instrumento dotado de una infinita potencia y que, según las circunstancias, podía producir los mejores o los peores efectos; por lo tanto, las afirmaciones positivas eran una excelente manera de programar la mente para el éxito, la salud y la felicidad.

Seguramente este tema ya no nos parece novedoso; desde hace tiempo, los terapeutas recomiendan insistentemente su empleo. Sin embargo, pocas personas han tomado contacto con este fabuloso recurso.

Veamos, entonces, cómo trabajar con ellas:

1. Construirlas con el propósito de cambiar hábitos o actitudes.

156

2. Estas frases tendrán que señalar claramente nuestro objetivo.

3. Deben trabajarse con perseverancia.

4. La frecuencia es fundamental; se las puede repetir durante unos cuantos minutos varias veces en el día o continuamente durante toda la jornada.

5. Es necesario escoger una afirmación y centrarse en ella durante un tiempo.

6. Se las puede recitar mentalmente o en voz alta.

7. Finalmente, cada afirmación deberá estar respaldada por un deseo interno de mejorar, ya que sin éste todo el trabajo será en vano.

Ten en cuenta que la auto- sugestión es algo íntimo; por lo tanto, debes pen- sar detenidamente cuá- les son tus anhelos, sin dejarte influir por lo que piensan los demás.

Trabaja en pos del bien común

Una de la virtudes de la democracia es que permite que todos participemos en la construcción del país, obviamente dentro de ciertos límites y parámetros. Esta intervención y cooperación no puede obviarse pues nos alienta a luchar y colaborar en pos del bienestar común. El desinterés por los asuntos públicos no nos acerca a la felicidad, sino todo lo contrario; hace que nos sintamos apartados de las cosas que comprometen nuestra vida diaria: jardines públicos descuidados, ruidos molestos, inseguridad, atención inadecuada en los hospitales, un sistema educativo con problemas, abuelos desprotegidos. Quejarse y hablar mal de los políticos cuando no somos capaces de mover un dedo por generar cambios representa una lamentable forma de perder tiempo y energía.

Asistir a centros del barrio para presentar proyectos, reunirse con los vecinos y armar propuestas, interesarse activamente por las cuestiones que atañen al lugar en el que vivimos y tener una actitud solidaria es la manera correcta de introducir mejoras en nuestro entorno, terminar con el egoísmo del individualismo y armar un sitio digno para vivir.

Psicoterapias a tu disposición

Te ofrecemos, a continuación, una breve lista de diferentes psicoterapias, para que puedas elegir la que más te convenga la hora de iniciar un tratamiento.

Logoterapia: Trabaja en la búsqueda y la construcción del sentido de la vida, del proyecto existencial de la persona. Considera que la fuente de la infelicidad proviene de la sensación de vacío, y de la falta de objetivos y motivaciones.

Terapia gestáltica: Se centra en la percepción y la integración entre lo que se hace, se piensa y se siente. El énfasis lo pone en el aquí y el ahora.

Enfoque cognitivo: Trabaja la relación entre pensamiento, emoción y conducta para conocer las creencias del paciente y corregir sus sistemas de pensamiento. La reestructuración cognitiva sirve para cultivar nuevos hábitos y modificar el modo de interpretar y valorar la realidad.

Enfoque conductista: Esta terapia se propone desarraigar los hábitos y comportamiento perjudiciales, «adiestrando» al paciente a sustituirlos por otros más constructivos.

Abordaje transpersonal: Busca la purificación de la mente, la expansión de la conciencia, la pacificación de las emociones y el crecimiento personal desde lo espiritual.

Análisis transaccional: Trabaja con técnicas que ayudan a producir reestructuraciones y cambios en la persona.

El arte de la observación

Un discípulo llegó hasta el maestro y le dijo:

—Guruji, por favor, te ruego que me instruyas para acceder a la verdad.

El maestro le dijo:

—El secreto está en la observación. Nada escapa a una mente observadora y perceptiva.

—¿Qué me aconsejas hacer?

—Observa —dijo el maestro—. Siéntate en la playa, a orillas del mar, y observa cómo el sol se refleja en sus aguas. Permanece observando tanto tiempo como te sea necesario para abrirte a la comprensión.

Durante días, el discípulo se mantuvo en completa observación, sentado a la orilla del mar. Observó, atento y meditativo, el sol reflejándose sobre el mar, con las leves ondulaciones de sus aguas. Y así, paulatinamente, se fue desarrollando su comprensión.

—¿Has comprendido a través de la observación? —preguntó el maestro.

—Sí —repuso satisfecho el discípulo—. Llevaba años asistiendo a las ceremonias más sagradas y leyendo, pero nunca había logrado entender. Unos días de observación lo lograron. El sol es nuestro ser interior, siempre brillante. Las aguas no lo mojan y las olas no lo alcanzan; es ajeno a las tempestades aparentes. Siempre permanece, inalterable, en sí mismo.

—Ésa es una enseñanza sublime —declaró el maestro—, la que se desprende del arte de la observación.

Anónimo

Acepta las etapas naturales de la vida

El envejecimiento es un proceso temido y hasta detestado. Está tan estigmatizado y se lo ha colocado en un lugar tan negativo que, apenas se entra en la edad adulta, las personas comienzan hacer las cosas más disparatadas para huir de él.

De lo que no se dan cuenta o lo que no quieren reconocer es que no hay manera de evadirlo; cada día envejecemos, nos guste o no.

Pero si en vez de hacernos operaciones, inyectarnos colágeno, teñirnos el cabello, exigir al cuerpo con terribles rutinas en el gimnasio, realizarnos liposucciones y ponernos gruesas máscaras de maquillaje, aceptamos la vejez con total naturalidad y armonía, viviremos coherentemente y en paz con nuestro destino. Sistemas solares completos nacen, se desarrollan y luego desaparecen, por qué no ha de imperar el mismo proceso evolutivo en nosotros.

Aquí no estamos hablando de resignación, sino de reconciliación con los ciclos naturales y con los ritmos del Universo y de una aceptación dulce y gentil hacia lo que es parte inevitable de la vida.

Envejecer es como escalar una gran montaña: mientras se sube las fuerzas disminuyen, pero la mirada es más libre, la vista más amplia y serena.

Ingmar Bergman

161

La visualización te permite acceder a lo que anhelas

Tenemos la mala costumbre de emplear la mente de forma negativa… imaginamos accidentes, peligros, conflictos laborales y sentimentales, enfermedades… y la lista de desastres continúa *ad infinitum*. Estas representaciones mentales son tan poderosas que terminan predisponiéndonos para lo peor.

Hoy en día, se sabe que la imaginación también puede operar de manera positiva para lograr resultados benéficos en nuestra salud mental y física.

Las técnicas de visualización sirven para activar imágenes positivas y alejar nuestra mente de pensamientos desagradables que sólo estorban nuestra tranquilidad.

Prueba hacer el siguiente ejercicio: En una posición cómoda y relajada, intenta recordar una situación especial en la que te sentiste particularmente feliz. Cuando la hayas encontrado, fíjala y retenla por un momento. Observa todo lo que hay allí: gente, casas, plantas, árboles, colores. Si te es posible, trata de percibir aromas y sonidos. Recorre la imagen a gusto y quédate allí tanto como desees. Inspira y exhala con lentitud y paz. Al cabo de unos instantes sentirás que tu cuerpo se relaja, la tensión disminuye y los pensamientos perturbadores se apartan. Cuando estés lo suficientemente tranquilo, sal de la escena. ¿Te sientes mejor, no?

Ten esta técnica presente cada vez que te sientas agotado o estresado. Dedicarle unos minutos al día a esta práctica te será de gran ayuda.

Limpia la energía de tu hogar

Aunque para algunos resulte extraño, las casas, además de cargarse con las ondas electromagnéticas emitidas por microondas, ordenadores, televisores, neveras, teléfonos, también suelen hacerlo con la energía de la gente que las habitan (o que las habitaron). Con el paso del tiempo toda esta energía se va acumulando y produciendo jaquecas, insomnio, angustia, malestar indefinido, agotamiento e incluso peleas. Es por esto por lo que es necesario realizar «limpiezas energéticas»… para preservar la armonía del lugar en el que se vive.

Consejos para «curar» el hogar

Procura que el chi o energía vital circule correctamente por toda la casa. Para eso es esencial que limpies, ordenes, pintes y ventiles las zonas húmedas oscuras, desordenadas o sucias, son los lugares que normalmente detienen su libre circulación.

Coloca los muebles sin que interrumpan el paso.

Elimina objetos rotos o inútiles.

Higieniza con vinagre blanco todas las superficies lavables tales como vidrios, espejos, azulejos.

Emplea inciensos y sahumerios para hacer más profunda la limpieza; no olvides armarios y rincones.

Puedes recitar una oración, una afirmación positiva.

Al finalizar deberás bañarte, preferentemente, con una mezcla de agua y sal marina (disuelta).

«Cada problema que se me presenta es una oportunidad»

*W*inston Churchill decía: «Un optimista ve una oportunidad en cada problema y un pesimista ve un problema en cada oportunidad», con lo cual dejaba en claro que quien posee una actitud derrotista ante la vida, verá cada situación como una contrariedad, mientras que una persona con mentalidad positiva traducirá cada circunstancia que se le presente como una oportunidad de crecimiento.

Todo objeto, situación y persona tiene varias aristas, y centrarse sólo en una de ellas es negarse a la experiencia enriquecedora del aprendizaje y entendimiento.

Ver el lado malo de las cosas significa autolimitarse, negarse a ver más allá y a progresar.

Por tal motivo, es necesario mantener la visión despejada, la mente abierta y una clara disposición a aceptar desafíos.

Evaluando la situación

Cuando te sientas en una encrucijada o en dificultades, busca una salida, siempre la hay. Lo que vemos como problema, con otro punto de vista puede ser entendido como una puerta que se abre. En efecto, si el contratiempo se plantea en forma creativa, pueden aparecer varias alternativas motivadoras y eficaces. Como decía Albert Einstein: «En medio de las dificultades está la oportunidad». Por mala que parezca una circunstancia, siempre pregúntate: ¿qué puedo sacar de esta situación?

Protege los lazos familiares

El seno familiar nos brinda los primeros abrazos y las primeras alegrías, así como también nos enseña las primeras reglas para enfrentar la vida. Por ser el lugar donde nos desarrollamos, es allí donde aprenderemos las virtudes que nos acompañarán toda la vida: el respeto, la generosidad, la compasión, la honradez, la responsabilidad, la gratitud y el amor. Allí es donde formaremos nuestra primera imagen del mundo y aprenderemos a interactuar con él.

Es en la familia donde el amor sin condiciones se hace palpable y real; allí, donde podemos mostrarnos tal cual somos, sin necesidad de enmascarar nada. En la familia hay un intercambio genuino, ya que sus miembros necesitan de nuestro amor tanto como nosotros necesitamos del suyo.

Este entorno, cuando está bien conformado, nos da fuerzas para seguir adelante. Probablemente no hay nada más bello en el mundo que el abrazo de una madre, el consejo de un padre, o aquellos juegos y códigos que sólo se comparten con los hermanos. Poner la parte que a uno le corresponde para mantener unida la familia es, por lo tanto, más que un derecho, una obligación hacia uno mismo y hacia quienes amamos.

El lugar donde nacen los niños y mueren los hombres, donde la libertad y el amor florecen, no es una oficina ni un comercio ni una fábrica. Ahí veo yo la importancia de la familia.

Gilbert Keith Chesterton

Acepta elogios. Los mereces

Si una persona no cree en sí misma, difícilmente esté lista para aceptar un elogio. Sencillamente, no se siente merecedora de cumplidos. Una de las pocas certezas que posee es que no tiene cualidades y méritos que la hagan sobresalir. Por el contrario, está habituada a pensar que sus supuestas virtudes o logros le han llegado por casualidad, porque no acepta atribuirse capacidad o talento.

De hecho, cuando recibe algún tipo de felicitación la desmerece, se burla de sí misma y no sabe agradecerla apropiadamente.

El elogio, no la adulación, es preciso aceptarlo y reconocerlo con gratitud. Todos, en mayor o menor medida, poseemos buenas cualidades, fortalezas y aptitudes y hay que festejarlas, alegrarse por ellas, porque muestran lo grandioso que hay en nosotros. Cuando se comienza a admitirlo, resulta placentero y genera felicidad. Sentirse merecedor y poder recibir con felicidad un premio, una gratificación o felicitación, conducen hacia una personalidad fuerte y segura de sí misma.

Merecen elogio los hombres que en sí mismos hallaron el ímpetu y subieron en hombros de sí mismos.

Séneca

Evita el trato con intrigantes y cizañeros

Cuando se cae en la trampa de estos manipuladores se corren serios problemas psíquicos, físicos y espirituales. Es que estos especímenes tienen tácticas tan bien estudiadas que pueden ejercer mucha influencia sobre las acciones de los otros, a tal punto que, de no estar atentos, pueden llevarlos a actuar de una manera errónea y no habitual en ellos. Estas personalidades patológicas que no logran sentirse a gusto con su realidad, desean sumergir a los que los rodean en el mismo lodo, por lo cual, concentran toda su atención en la elaboración compleja y maquiavélica de conflictos para enemistar y sembrar discordia. ¿Cómo ellos pueden osar ser felices, piensan, cuando yo soy tan miserable? Entonces, pues, crear desavenencias, dudas y desacuerdos se convierte en su *leitmotiv*.

Principalmente trabajan con las inseguridades y la distracción de sus víctimas para envolverlos en terribles y desconcertantes maquinaciones.

Para evitar tales manejos es necesario, sobre todo, estar alerta, tomar medidas destinadas a repeler sus tácticas y aprender a ponerles límites. Frases del tipo: «no me traigas chimentos», «no hables mal de esa persona», «creo que estás equivocado respecto de tal situación», «detente con tus intrigas» pueden ser muy útiles para hacer fracasar sus planes. Obviamente, establecer una distancia prudencial de ellos será aún mejor.

Descubre el Noble Camino Óctuple

Este Sendero es considerado por el budismo como el camino que lleva al cese del sufrimiento, objetivo éste que se conoce como nirvana. Los ocho elementos que lo conforman se dividen en tres categorías: Sabiduría (pensamiento y compresión correcta de la realidad), Conducta ética (actuar, hablar y vivir correctamente), Entrenamiento de la mente (concentración, esfuerzo y conciencia correctos). Se trata de un aprendizaje que nos desvincula de viejas creencias y actitudes y nos sumerge en la búsqueda del conocimiento trascendental, para así no perdernos en los caminos de la infelicidad. El pensamiento correcto se refiere a las emociones, y consiste en canalizarlas adecuadamente para conseguir serenidad, equilibrio y bondad. Hablar correctamente implica abstenerse de mentir, de difamar, de dirigirse irrespetuosamente al otro, de comentar frivolidades. El actuar correctamente es amar la propia vida y la de todos los seres vivos, no tomar lo que no es de uno y abstenerse de hacer daño. En cuanto al entrenamiento de la mente se trata de un aprendizaje focalizado en prevenir lo insano y cultivar lo sano, así como en adoptar una contemplación atenta y consciente, manteniendo la mente en el instante presente y atenta a lo que nos ocurre y a lo que sucede a nuestro alrededor.

En definitiva, este sendero conduce a un estado superior de la mente y el espíritu, y lleva indefectiblemente hacia la salud y la paz.

Es posible vivir de otra manera

Estamos demasiado acostumbrados a relacionar placer y diversión con desembolso excesivo de dinero, y eso hace que ni se nos cruce por la cabeza realizar actividades alternativas que no comprometan nuestras finanzas. No tomamos en cuenta la cantidad de horas que debemos trabajar o la de libertad que tenemos para comprarnos ese el último móvil, la falda de moda o el pantalón de la marca XX.

¿Es un trato coherente trabajar muchísimas horas extras para tener otro LCD si cuando llegas a casa tus hijos están dormidos y no puedes jugar con ellos? ¿Te parece inteligente llenarte de prendas, accesorios, perfumes importados por los cuales deberás pagar precios desorbitantes y que solo podrás lucir en la oficina, que es donde estás la mayor parte del tiempo?

Tomar el sol, andar en bicicleta, conversar con la familia, organizar actividades con amigos, caminar por bellos lugares, tomar un café en buena compañía, leer un libro en la plaza pueden ser mejores opciones para distraerse que salir a gastar dinero sin ton ni son.

Te propongo que consideres este punto de vista y evalúes si no es mejor tener menos cosas materiales y más tiempo para vivir la vida.

Vivir sin tantas presiones, prisas y obligaciones puede ser terapéutico y un nuevo camino por explorar.

Armoniza tu entorno con Feng Shui

Es el arte de organizar los lugares de trabajo y casas, así como sus elementos ornamentales, con el objeto de crear un lugar armonioso, bello y cómodo para vivir y trabajar en él. Así como el chi o qi fluye por nuestro cuerpo para asegurarnos la salud y el bienestar físico y psíquico, la energía en el hogar debe transitar libre y correctamente para procurarnos un entorno agradable y tranquilo. Algunos consejos prácticos:

- La cama (preferentemente con respaldo) tendrá que estar apoyada sobre la pared más alejada de la puerta
- Debe evitarse que en la pared de la cabecera haya ventanas, estantes o cuadros.
- Lo ideal es que el dormitorio no tenga más de un espejo y que uno no pueda reflejarse en él desde la cama.
- Hay que evitar tener cualquier cosa sobre la mesa de luz relacionada con trabajo u obligaciones pendientes.
- Los colores más apropiados para la cocina son el amarillo, el verde y los colores naturales.
- Es fundamental mantener siempre la puerta del baño cerrada, al igual que la tapa del retrete.
- Mantener despejadas las mesas, sin acumulaciones.
- Es importante aprender a manejar la iluminación (del sol, eléctrica, velas y lámparas de aceite) ya que es la forma más rápida y sencilla para lograr transformación y equilibrio en los ambientes.

El anciano y el niño

Un anciano y un niño viajaban con un burro de pueblo en pueblo. Llegaron a una aldea caminando junto al burro y, al pasar por ella, la gente se rió diciendo:

—¡Miren qué tontos! Tienen un burro y, en lugar de montarlo, van los dos andando. Por lo menos, el viejo podría subirse al burro.

El anciano se subió al burro y prosiguieron. Llegaron a otro pueblo y algunos, indignados, gritaron:

—¡Parece mentira! ¡Qué desfachatez! El viejo sentado en el burro y el pobre niño caminando...

Así que al salir del pueblo, el anciano y el niño intercambiaron sus puestos y siguieron haciendo camino hasta llegar a otra aldea. Cuando los aldeanos los vieron, exclamaron escandalizados:

—¡Intolerable! El muchacho montado en el burro y el pobre anciano caminando. ¡Qué vergüenza!

Así, el viejo y el niño se montaron en su lomo y al pasar junto a unos campesinos, éstos gritaron:

—¿Es que no tenéis corazón? ¡Vais a reventarlo!

Como no sabían qué hacer, optaron por cargar el burro sobre sus hombros, pero al llegar al siguiente pueblo la gente comenzó a burlarse de ellos:

—¡Qué par de tontos! Tienen un burro y, en lugar de montarse sobre él, lo llevan a cuestas.

La moraleja de este cuento es que nunca se debe depositar la felicidad en manos ajenas, porque es seguro que con ello solo lograremos la desdicha.

Un veneno que corroe el alma: el egoísmo

El camino hacia el aislamiento, el resentimiento y la enfermedad tiene un nombre: *egoísmo*. Es tan nocivo que puede arruinar por completo una vida. No sólo hace que cada una de las acciones que se emprendan tenga un motivo autointeresado, sino que rechaza la posibilidad de que existan conductas altruistas, por lo cual, quien lo padece se convierte en un individuo cínico y descreído de todo acto humano bien intencionado. La persona egoísta está centrada en sí misma, vive en un mundo cerrado donde la palabra solidaridad sólo es un ruido molesto y hasta doloroso.

El egoísta, a diferencia del que siente amor propio (necesario y saludable) no siente amor hacia su persona, sino desprecio, y quiere todo para él porque se siente mal y vacío. Se sumerge en su yo, se apega a las cosas materiales, es incapaz de compartir nada, trata de manipular a los pocos que quedan a su alrededor y, cuando ve cómo ha diseñado su universo, se deprime. Buda decía que si las personas no se odiaran tanto a sí mismas, habría menos sufrimiento en el mundo, porque este tipo de sentimiento se proyecta con violencia hacia los demás.

Consejo: Si sientes que esta descripción se ajusta a ti, comienza hoy mismo a cambiar. Aprende a compartir. Dedica un poco de tiempo a otros. Intenta con pequeñas acciones. Aunque al principio te cueste, verás que tu vida cambiará positivamente.

Si aclaras tus pensamientos actuarás correctamente

La técnica «Cartas que no se envían» es muy buena para deshacerse de emociones profundamente negativas (respecto de alguna persona) que no se pueden expresar sin una elaboración y reflexión previas.

Es que en muchos casos no suele ser apropiado manifestar ciertos sentimientos de manera espontánea e imprevista, y al quedar atrapados en nuestro interior, van produciendo con el tiempo una serie de estragos en todo nuestro organismo.

Ya sea porque no nos animamos a verbalizar un conflicto de modo coherente y legítimo, o porque tememos herir y callamos, los sentimientos se van aglutinando en nuestro interior hasta formar un torrente que pugna por salir. Si a esa energía negativa no se le da una válvula de escape, en algún momento explota y genera todo tipo de inconvenientes: respuestas fuera de lugar, estados de ánimo cambiantes y explosivos, desplantes extraños y somatizaciones. Por esto, hasta poder enfrentar el problema con calma y en el momento oportuno, un buen método para canalizar estas tempestades es a través de la carta. En ella se debe escribir cada sensación, cada reclamo y pensamiento como si se tuviera a la persona con quien estamos enojados justo delante de nosotros. Obviamente, jamás deberá enviarse a su destinatario; en su lugar, se deberá romper o quemar porque la gracia de este ejercicio es bajar los decibeles a nuestras emociones para encarar, cuando sea el momento, la situación de manera adulta y apropiada.

Emplea la Inteligencia Emocional

 Desde que nacemos vamos desarrollando habilidades para adaptarnos a nuestro entorno, resolver problemas y relacionarnos eficazmente. A medida que crecemos, las circunstancias se complican, por lo que se hace fundamental aprender y desplegar diferentes destrezas. Para llevar adelante este nuevo aprendizaje se podrá recurrir, pues, a la IE que es la capacidad para mejorar la percepción, la comprensión y el control de las emociones, tanto de las propias como de las ajenas. Para tal fin, la IE, se organiza en torno a cinco capacidades básicas:

- **Autoconciencia**: para entender nuestro mundo interior.
- **Empatía**: para captar qué y cómo sienten los otros.
- **Autocontrol**: para dominar nuestras emociones.
- **Habilidad interpersonal:** cuando conocemos nuestras emociones y comprendemos las de los demás, el siguiente paso es influir en ellas no sólo para negociar sino para relacionarnos más satisfactoriamente.
- **Motivación**: la IE nos brinda la habilidad para motivarnos y motivar a los demás.

Por tanto, si queremos evolucionar como seres humanos e interactuar mejor sería interesante poner manos a la obra… la IE es una herramienta valiosa para modificar nuestro temperamento, encausar las emociones y modificar las respuestas tanto propias como ajenas.

Descifra qué esconden tus emociones

Hay una bella historia escrita por Jorge Bucay en la que se cuenta que tiempo atrás, en un hermoso estanque, fueron a bañarse la tristeza y la furia. Ambas se quitaron sus prendas y se sumergieron en él. La furia, apurada y atropellada como es, salió del agua, se puso las vestimentas de la tristeza y se fue. Por su parte la tristeza, con su andar cansado y lento, salió al rato y se colocó la única ropa que quedaba y que pertenecía a la furia. Y desde entonces, si no miramos con atención y vemos más allá de esos disfraces, es muy fácil confundirlas.

Qué cierta es esta narración... cuántas veces lo que parece ser enojo es tristeza, y cuántas, detrás de una apariencia de melancolía y abatimiento, se esconde la ira. Los estados emocionales, como todos sabemos, son complejos y requieren bucear en ellos para comprenderlos en toda su magnitud. Equivocarlos, no indagar en sus raíces, implica un desconocimiento que lleva a comportamientos y actitudes erróneas.

Quien esté deseoso de cambiar y mejorar tendrá que estar dispuesto a examinar minuciosamente su interior para conocerse mejor a sí mismo y no cometer el error de equivocar sus sentimientos y emociones.

Establece metas reales

Aunque establecer altas metas pueda parecer tentador, es más importante tener expectativas realistas. No siempre se puede conseguir lo que se quiere, ni ganar todas las partidas. Es más efectivo proponerse objetivos claros y concretos que estén a nuestro alcance. Cuando nos imponemos propósitos desmedidos, nos exigimos y nos frustramos. En cambio, cuando las metas están más acordes con nuestras posibilidades, aptitudes y capacidades, eso no sólo nos produce placer y felicidad, sino que nos brinda ímpetu y energía para armar otros proyectos.

Plan de trabajo: Si nunca te sentaste a definir y programar metas, ahora es el momento, sin pretextos ni justificaciones. Toma un cuaderno y define en él tus objetivos. Deberán ser específicos, medibles, realizables e incluso desafiantes. Tendrás que ponerles plazos de concreción. Ten en cuenta exactamente hacia dónde quieres dirigirte y todos los factores que intervendrán en su consecución: dinero, tiempo, contactos, habilidades, recursos. Establece pequeños pasos, acciones bien determinadas y ve anotando cada logro hasta llegar al fin; eso te dará más confianza para avanzar. Recuerda que para lograr cualquier cosa que te propongas deberás poner todo tu empeño, fuerza de voluntad y pensamiento positivo.

Refuerza tu autoestima

La autoestima es un conjunto de comportamientos, sentimientos y maneras de pensar dirigidos sobre nosotros mismos, sobre nuestro cuerpo y manera de ser y vivir. Se trata de una percepción autoevaluativa de la que depende la sensación de la propia valía; y esta imagen que tenemos de nosotros hará que experimentemos la vida de una manera particular. Por eso es tan importante esta opinión que poseemos sobre el valor de nuestra esencia y nuestros actos.

Los pilares del amor hacia uno mismo son:

Autoconcepto: lo que creemos acerca de nuestras habilidades, cualidades y valores.

Autorrespeto: se trata de respetarnos más allá de cualquier circunstancia. Amándonos y perdonándonos a pesar de los límites que podamos tener y las equivocaciones que cometamos.

Autoconocimiento: es la capacidad de analizarnos sin temor, sin prejuicios y sin engaños.

Autocuidado: supone la adquisición de hábitos de vida que nos brinden salud física, psíquica y espiritual.

Autoconfianza: aprender a confiar en nuestros instintos y capacidad para resolver cada situación que se nos presente.

Medita todos los días sobre estos puntos, dedica tiempo a trabajar en ello... tu calidad de vida depende completamente de estas consideraciones.

Eres parte de un Todo

Dice un proverbio chino: «El aleteo de las alas de una mariposa se puede sentir al otro lado del mundo».

Cada acción que emprendemos tiene consecuencias. Lo que hacemos en el aquí y ahora, repercutirá tarde o temprano en otro espacio y tiempo. También se suele decir que la vida funciona como un boomerang, en donde todo lo que se hace en algún momento vuelve. Tener en mente estas premisas es importante, porque nos ayuda a percibir la magnitud de nuestros actos. No somos seres aislados, sino que vivimos interrelacionados, conectados. Si damos cariño, si somos seres solidarios y respetuosos estaremos preparando un porvenir mejor, un futuro prometedor. Si bien somos gotas en un inmenso océano, nuestra pequeñez no nos resta importancia, muy por el contrario, poseemos el poder de influir, construir, destruir, generar. No restemos mérito a este papel que poseemos como pequeños integrantes de un gran todo. Evaluemos nuestros pasos y midamos sus efectos.

Nunca digas de esta agua no beberé

No te ha pasado alguna vez que dijiste que no harías algo y lo terminaste haciendo, o que tú no permitirías una situación semejante a la que vive un vecino o amigo y, llegado el momento, no pudiste evitar que te sucediera? Bueno… justamente la frase «nunca digas de esta agua no beberé» hace alusión a no realizar declaraciones tajantes en cuanto al futuro. Jean de la Fontaine ya lo decía en el siglo XVII: «A menudo encontramos nuestro destino por los caminos que tomamos para evitarlo».

Como siempre hay sorpresas a la vuelta de la esquina (y eso es lo que hace grandioso el vivir) en vez de juzgar y ponernos en una posición firme frente a lo que le sucede a los demás es mejor tener una mentalidad abierta y clara, y entender que eso mismo que le pasa al resto nos puede suceder también a nosotros. En tal caso, se pueden tomar recaudos ante la posibilidad de que nos ocurran cosas que deseamos evitar, pero no es correcto señalar errores ajenos y prejuzgar. El destino tiene extrañas vueltas, y ser seres conscientes de que existen imponderables nos permitirá no convertirnos en jueces.

Lo que prevemos, raramente ocurre; lo que menos esperamos es lo que sucede generalmente.

Benjamin Disraeli

Ama lo que eres y lo que tienes

De vez en cuando es preciso detenerse y observar lo que somos, cómo hemos llegado hasta este momento de nuestras vidas y todo lo que hemos logrado; reconocer su valor, lo que representa y el esfuerzo que pusimos en ello. Debemos aprender a valorar la familia, la salud, los conocimientos que adquirimos, las amistades que están a nuestro alrededor, el trabajo que conseguimos, las cosas que compramos a través de los años. Tendemos a menospreciar aquello que alcanzamos y ganamos, y ponemos más énfasis en lo que aún no obtuvimos o concretamos. Esta actitud derrotista produce insatisfacción y desagrado con uno mismo, nos hace restar valor a los méritos, a lo que hemos realizado durante nuestra vida. Si somos desconsiderados hacia nuestros logros, por pequeños que sean, lo que hagamos o alcancemos tendrá el mismo sabor... la nada, lo cual nos conduce a un lugar de apatía y desgano para encarar el porvenir. Es imprescindible hallar el encanto y la importancia de cuanto nos rodea... recordar los bellos momentos que pasamos con nuestros hermanos, cuánto nos alegramos al conocer a nuestra pareja, lo que nos costó conseguir la lámpara y los libros que tenemos en la sala o ese cuadro que cuelga en la habitación, los años que pasamos estudiando para ser los profesionales que somos. Hay que amar cada detalle, cada paso que hemos dado; eso nos alegra para vivir plenamente el presente y nos alienta a esperar lo mejor del futuro.

El incrédulo

Un incrédulo se acercó a un maestro que estaba enseñando lo siguiente:

—Les puedo afirmar que el mantra tiene el poder de conducirlos al Ser.

El hombre incrédulo lo interrumpió:

—Esa afirmación carece de fundamento. ¿Cómo puede ser que la repetición de una palabra nos conduzca al Ser?

El yogui se dirigió directamente al incrédulo y le gritó:

—¡Siéntate ahora mismo, canalla!

El incrédulo se llenó de cólera.

Era tal su rabia que comenzó a temblar, y furioso vociferó:

—¿Cómo te atreves a hablarme así? ¿Y tú te dices un hombre santo?

Entonces, con mucho afecto y ternura, el yogui le respondió:

—Siento mucho haberte ofendido. Discúlpame. Pero, dime, ¿qué sientes en este momento?

—¡Me siento ultrajado!

Y el yogui declaró:

—Con una sola palabra injuriosa te has sentido mal. Fíjate el enorme efecto que ha ejercido sobre ti. Si esto es así, ¿por qué el vocablo que designa al Ser no va a tener el poder de transformarte?

El sol es un gran aliado

El sol, tanto como el agua o el aire, es indispensable para nuestra salud. Es sabido que los efectos de los rayos ultravioleta en el organismo son muy beneficiosos porque nos ayudan a sintetizar la **vitamina D**, importante para el proceso de absorción del calcio, lo que permite mantener los huesos fuertes.

Sin embargo, hay que tener mucho cuidado con el tiempo de exposición. Hoy en día todos los médicos advierten respecto del peligro de pasar demasiado tiempo expuestos a él y en horarios contraindicados; además de producir severas lesiones dérmicas (como quemaduras de diferentes grados, irritación, resecamiento) puede ser perjudicial para la vista. Ni hablar de problemas muchos más graves aún.

Con las precaciones debidas y bien dosificado es excelente, no solo a nivel físico sino a nivel mental, porque está comprobado que influye positivamente en nuestro ánimo.

Estudia la diferencia que hay en tu carácter cuando se suceden varios días nublados y cómo te hallas anímicamente después de una semana soleada. La diferencia es notable.

Nuestro humor mejora, aumentan el optimismo y las ganas de hacer más actividades. El sol da energía, embellece a la naturaleza y nos genera más alegría.

Recupera el encanto y la frescura de tu niñez

Los niños pequeños emplean el juego como una forma de socialización y aprendizaje. A través de él comprenden y se adaptan al mundo de manera divertida. También los distrae y alegra. El adulto, en cambio, suele dejarlo de lado y no lo incluye en su cotidianidad, sin darse cuenta de que es un factor importante para experimentar y ver la vida de una manera diferente. Las actividades lúdicas permiten conectarnos con nuestro niño interior, con la imaginación, con la infancia y el pasado, y nos brindan la oportunidad de dejar de ser por un momento «personas serias y atareadas» para convertirnos en seres libres y despreocupados. El juego es un esparcimiento que ayuda a resolver problemas en forma creativa, a recuperar la espontaneidad y la capacidad de asombro, a enfrentar situaciones con otras actitudes y a liberarse de las tensiones diarias.

Si te interesa recuperar esa frescura y desenfado propias de la niñez, existen institutos y lugares especializados en donde se dedican a armar una amplia variedad de juegos, tales como dramatizaciones, juegos de rol, juegos en la arena, juegos con muñecos y disfraces, todo pensado para grupos de adultos; generalmente están manejados por psicólogos o profesores de teatro. Inténtalo, será una experiencia entretenida.

Los hombres no dejan de jugar porque envejecen, sino que envejecen porque dejan de jugar.

Oliver Wendell Holmes

Busca qué talentos tienes

No todos tenemos un don o la genialidad de Einstein, Marie Curie, Rabindranath Tagore, Doris Lessing, Maria Goeppert-Mayer, Rigoberta Menchú Tum o Stephen Hawking, por mencionar algunos. Sí, en cambio, tenemos nuestros propios talentos. ¿Has tratado alguna vez de descubrirlos? Para ello es necesario empezar a probar, a hacer cosas nuevas, animarse a explorar, y sobre todo, no eliminar nada de la lista de posibilidades. Te encontrarás, quizá, con gratas sorpresas y con decepciones, pero lo importante es comenzar este recorrido de autoconocimiento y reconocimiento de tus capacidades, ventajas y fortalezas. Quizá seas bueno bordando, cosiendo camisas, construyendo modelos a escala, corriendo, harreglando coches, cocinado o dando cursos de origami. Cualquier cosa cuenta si es lo que te sale bien, del alma y lo haces con ganas. De hecho, podría transformarse en tu nueva profesión. Trata siempre de dedicar un poco de tu tiempo a indagar qué es aquello que te gusta y que puedes realizar bien. Tal vez la respuesta no surja rápidamente, pero el camino hasta llegar a ello será divertido y muy pero muy interesante.

Evita los excesos

En nuestra cultura, el desequilibrio y los excesos se han desarrollado exponencialmente como una epidemia. Si no estamos «enganchados» con el juego, el tabaco, la comida, la bebida o las drogas, lo estamos con la aceptación social (a costa de perder la propia identidad), la fama, el éxito, el dinero, la silueta perfecta, por mencionar algunos. Todo ello provoca un severo perjuicio a la salud física y mental.

Tomar conciencia de tus dependencias, de tus puntos flojos, es vital para que logres esa felicidad tan ansiada. Si tu meta es vivir de manera más sana, armoniosa y alegre, deberás emprender un trabajo de autoconocimiento para detectar qué es lo que te impulsa a necesitar desmedidamente esas cosas y cómo revertir la situación. Existen centros que ofrecen ayuda para estos problemas, hay muy buenos terapeutas capaces de socorrerte en estas circunstancias y, sobre todo, tienes en tu interior una fuerza movilizadora capaz de sacarte de ese lugar de enfermedad, de sometimiento para llevarte a un espacio de vitalidad, libertad, salud y plenitud. Propóntelo firmemente y pon todo tu empeño en ello… lo lograrás.

La virtud es una disposición voluntaria adquirida que consiste en un término medio entre dos extremos malos, el uno por exceso y el otro por defecto.

Aristóteles

Benefíciate con el maravilloso poder del Reiki

El Reiki es un sistema de armonización que, a través de imposición de manos y otros métodos, canaliza la energía vital universal. Puede tratar enfermedades y desequilibrios físicos, mentales y emocionales; neutraliza las energías negativas que hacen perder el equilibrio y la paz interior. El Reiki posee 5 principios o afirmaciones positivas de poder energético:

No te preocupes: Puedes vivir sin preocuparte, poniendo la energía justa en lo verdaderamente importante, que es disfrutar la vida y alcanzar la paz y la felicidad.

No te enojes: La ira y la agresividad son emociones destructivas para ti y los demás. Controla los impulsos violentos, tranquilízate y busca la mejor opción para resolver un problema. El afecto y el respeto guiarán tus pasos.

Sé amable: Debes tratar con dulzura y respeto a todos los seres vivos: personas, plantas, árboles y animales.

Trabaja diligente y honradamente: Da lo mejor de ti, de manera honesta y respetuosa.

Sé agradecido: Agradece cada acto, cada cosa que sucede en tu vida, con sentimiento y humildad. La vida es un milagro y cada detalle merece admiración y reconocimiento.

Sugerencia: recita por la mañana y por la noche los cinco principios del Reiki. Con esta práctica te programarás y prepararás positivamente para enfrentar cada día.

Búscale el lado positivo a tu trabajo

No muchos trabajan de lo que quieren, en donde quieren y con quienes quieren, y eso hace que todos los días nos encontremos con gente que maltrata en los mostradores de atención al público, telefonistas malhumoradas y profesionales que, lejos de resolver un problema, lo aumentan. Evidentemente, no es fácil estar a disgusto en el ámbito laboral. Jefes déspotas, compañeros chismosos, tareas monótonas o estresantes también suman puntos para estar mal con lo que se hace. Sin embargo, siempre hay alternativas y se debe elegir aquellas que mejoren nuestra calidad de vida. Repasemos algunos puntos esenciales: 1) Decisión: Tienes dos opciones sanas frente a un trabajo que aborreces; o le hallas algún lado bueno y tratas de ponerle «buena onda» o buscas uno diferente. Quedarte plantado a disgusto en un lugar y quejándose permanentemente sólo provoca malestar, tanto a ti como a quienes te rodean. 2) Actitud: Si respondes mal, entorpeces labores o no eres voluntarioso, seguramente perjudicarás a la empresa que tanto detestas, pero más te perjudicarás a ti porque estarás todo el día enojado y enfermarás. Una actitud positiva y flexible, en cambio, te brindará más alegría, te quitará tensión y quizás hasta te ayude a obtener un ascenso. 3) Límites: no permitas que te afecten las hostilidades y, si alguien te habla con malos modos, enséñale con delicadeza, pero con firmeza, cómo deseas ser tratado.

Cómo actuar ante la frustración

La frustración es definida como una respuesta emocional negativa que se presenta cuando no es posible cumplir una meta, desarrollar un proyecto, concluir una tarea o satisfacer un deseo. Claro está que cuanto mayor sean los inconvenientes u obstrucciones que se presenten para la consecución de esas metas, mayor será la frustración.

Cuando esta emoción se hace crónica es indispensable, pues, cambiar el rumbo, elegir metas más realistas y acordes con las propias posibilidades.

Prémiate cuando algo te salga bien, trata de adaptar tus expectativas a la realidad que te circunda, proponte planes que puedas cumplir efectivamente, no tomes como parámetro los modelos de éxito que muestran los medios de comunicación… ten en cuenta que no todo lo que brilla es oro; muchas veces, detrás del esplendor se ocultan miserias, dolores, traiciones y desengaños. No permitas que otros te digan qué debes hacer y cómo.

Vivir requiere fortalecerse cada día, a cada instante y esa fuerza sólo se logra apreciando todo aquello que somos y que poseemos, con todos los pros y los contras, más allá de cualquier opinión que provenga del afuera.

Renuncia a los círculos viciosos

—Si no me arreglo me siento mal, si me siento mal no salgo, si no salgo no me arreglo...

Círculos viciosos como éstos existen de a centenares. Montones de excusas para dejarse estar, no ocuparse del cuidado personal y perder el cariño y respeto hacia uno mismo. Nuestras mentes, tan ocupadas en resolver procesos con eficacia y coherencia, por extraño que parezca, poseen, también, juegos tramposos que, de no estar conscientes de ellos, pueden conducirnos a comportarnos contra toda lógica. Así, una persona que se siente triste y apática y no reconoce sus incongruencias, seguramente no va a poner fuerza de voluntad y empeño para salir del mal momento, sino que hará todo lo posible para hundirse aún más.

Si se desea salir airoso de este espacio de contradicciones se necesitas adoptar una posición combativa, luchar contra los pensamientos irracionales, volcar toda la fuerza de la que se dispone para tratar de mejorar, apelar al ingenio para hallar soluciones prácticas y, en lo posible, rápidas.

Si te sientes poco atractivo, acicálate, arréglate; si deseas encerrarte, sal; si el miedo te está matando, haz lo que tengas que hacer sin dejarte arrastrar por el temor.

Bajar los brazos y dejarse llevar por los estados de ánimo es no asumir la responsabilidad de la propia existencia, es dejar que la vida pase sin nuestra participación.

La paciencia es el camino hacia la perfección

Si pusieras una semilla en una maceta ¿abrirías todos los días la tierra para ver si está saliendo algo de ella? ¿Qué sucedería si lo hicieras?

Pues bien, cuando nos impacientamos y nos dejamos llevar por la ansiedad, los resultados no son buenos. Cometemos errores, emitimos juicios equivocados, nos violentamos y perdemos la capacidad de razonar coherentemente y apreciar los instantes de los que está conformada la vida.

La impaciencia y el desasosiego nos hacer correr, estresarnos y hasta, a veces, atropellar y faltar el respeto. En cambio, la paciencia, con su ritmo lento y pausado, nos brinda la posibilidad de razonar lógicamente, contemplar y comprender. Esta virtud evidencia una personalidad prudente y mesurada, que se toma su tiempo para meditar, evaluar situaciones y responder; que no avasalla ni se deja avasallar, que acepta sus defectos y los ajenos sin descalificar o maltratar. Pero lo más importante es que cuando poseemos templanza, no nos exponemos a nerviosismos, tensiones, estrés, malhumor y disgustos, sino que, por el contrario, vivimos plácidamente y con regocijo. Recordemos las palabras de Jean de la Fontaine: «La paciencia y el tiempo hacen más que la fuerza y la violencia».

El loro que pedía libertad

Un loro vivía desde hacía muchos años enjaulado, y su propietario era un anciano al que el animal hacía compañía. Cierto día, el anciano invitó a un amigo a su casa a para saborear un rico té. Cuando ambos si disponían a tomarlo, el loro comenzó a gritar:

—¡Libertad, libertad, libertad!

No paraba de pedir libertad. Hasta tal punto era desgarrador su pedido que el invitado se sintió muy afligido y no pudo saborear su taza. Aún cuando ya se estaba marchando, el loro continuaba desesperado: «¡Libertad, libertad!».

Pasaron algunos días y el invitado no podía olvidar aquellas súplicas, por lo que decidió hacer algo para ponerlo en libertad. Tramó, pues, un plan. Sabía cuándo dejaba el anciano su casa para ir de compras. Aprovecharía esa oportunidad para liberar al pobre loro.

Al día siguiente, se acercó sigilosamente a la casa del anciano y, en cuanto lo vio partir, corrió hacia allí, entró a la casa y marchó directamente hacia el lugar donde el loro continuaba gritando: «¡Libertad, libertad!». Al invitado se le partía el corazón. Presto, se acercó a la jaula y abrió su puertecilla. Entonces el loro, aterrado, se lanzó al lado opuesto de la jaula y se aferró con su pico y uñas a los barrotes, negándose a abandonarla.

El loro seguía gritando: «¡Libertad, libertad!»

Anónimo

Protege tu intimidad

Si bien el concepto intimidad tiene diferentes significados e implicancias, dependiendo de las culturas y los individuos, lo cierto es que existe un acuerdo común en cuanto a un tema clave: cada persona tiene derecho a su privacidad y debe defenderla a toda costa.

En lo concerniente a la vida privada y familiar, se deberá ser especialmente cauteloso en cuanto a la información que se brinda, ya que muchas personas «disfrazadas» de amigos o allegados pueden convertirse en potenciales destructores de la paz y armonía del hogar.

Si hablamos de nuestros padres, hijos, tíos, primos, hermanos, pareja, debería ser de manera amorosa y cuidadosa, sin hacer comentarios maliciosos que puedan perjudicarlos o molestarlos.

Los problemas personales y familiares deben resolverse adecuadamente en el lugar que corresponde y sin «ventilarlos» ante desconocidos.

La propia vida y la de la familia ha de ser como un tesoro, un ámbito cerrado que se debe resguardar de cualquier peligro, y ello implica no exponerlas a la curiosidad, intromisión e indiscreciones ajenas.

La persona que pierde su intimidad lo pierde todo.

Milan Kundera

Pactos para una buena convivencia en pareja

A él le gusta lo dulce, a ella lo salado; él adora el fútbol y ella, los documentales; a él le gusta pasar ratos haciendo zapping y a ella, leyendo; él ama comer, ella aborrece cocinar. Muchos se preguntarán cómo pueden juntarse dos personas así; sin embargo, en muchos casos, se animan y conviven.

Es verdad que la vida en común tiene sus inconvenientes, pero también es cierto que tiene un montón de atractivos, por lo que debe ser valorada, cuidada y alimentada día a día. Mentiras, desengaños, descuidos y faltas de respeto, tarde o temprano la destruyen. Para vivir en paz se deben establecer, en lo posible desde el principio, consignas claras y concretas, tales como: la manera en que se administrará el dinero, con qué criterio se harán las compras, cómo se organizará la limpieza, quién se encargará de la preparación de las diversas comidas, por mencionar sólo algunos de tantos temas. También será fundamental rectificar a través del tiempo todo aquello que perturbe el normal progreso de la relación. Sobre todo, es importante convertirse en compañeros y aliados, apoyarse, comprenderse y tener consideración hacia los gustos, decisiones y espacios del otro. Vivir en pareja no es meter todo en una licuadora para sacar de ella un líquido espeso y de color indefinido, sino compartir con el otro lugares, tiempos, cosas e ideas, pero sin invadir, cuidando los límites y respetando los gustos y deseos de quien se tiene al lado.

Enriquécete con la sabiduría budista

*D*hammapada es una escritura sagrada budista, atribuida al mismo Buda, que está compuesta por varios versos que se explayan generalmente sobre cuestiones de la ética, la verdad y la virtud. Veamos algunas de sus enseñanzas: *Si uno se aprecia a sí mismo, deberá protegerse bien. *Establézcase primero uno mismo en lo que es apropiado antes de aconsejar a los demás. *Según aconseja a los demás, debe él mismo actuar. *Uno mismo es su propio refugio. *De fácil ejecución son las cosas nocivas y dañinas. Lo bueno y beneficioso es verdaderamente difícil de hacer. *Por uno mismo se hace el mal y uno mismo se contamina. Por uno mismo se deja de hacer el mal y uno mismo se purifica. La pureza y la impureza dependen de uno mismo. Nadie puede purificar a otro. *Por buscar el logro (espiritual) de los otros, no obstante, no debe uno ser negligente en la búsqueda del propio logro.*Uno debe liberarse del odio y abandonar el orgullo. El sufrimiento no toma al que controla la mente, el cuerpo y sus pasiones. * Uno debe decir la verdad y no ceder a la ira. *La sabiduría brota en aquel que se examina día a día, cuya vida es intachable y se arropa en el conocimiento y la virtud. *Fácilmente las personas ven las faltas ajenas y difícilmente las propias. *El que no se esfuerza cuando es momento de esforzarse jamás encontrará el camino a la sabiduría y la felicidad.

Despídete de la depresión estacional

Se acerca el invierno, oscurece más temprano, las temperaturas bajan, los días se tornan más grises y aparece la depresión estacional. Este término hace referencia a un trastorno que aflora cada año y en la misma época. Médicos de diversas áreas intentan descubrir sus causas exactas, pero hasta ahora lo único que han podido confirmar es que esta depresión probablemente se desencadena como respuesta del cerebro ante la poca exposición a la luz natural, por lo cual nuestros ciclos de sueño, estados de ánimo y energía cambiarían. La persona con este tipo de sintomatología puede experimentar cambios emocionales, pérdida de interés en cosas que antes llamaban su atención, dificultad para disfrutar, decaimiento, problemas para descansar, dificultades en la concentración, menos ganas de hacer actividades. Cómo solucionar el problema: pasando más tiempo al aire libre durante las horas de luz natural, haciendo caminatas y ejercicios diurnos en parques, plazas o jardines, manteniendo la casa bien iluminada y estableciendo rutinas de sueño.

Si el cuadro fuera agudo y las complicaciones numerosas, sería recomendable solicitar ayuda a un psicoterapeuta.

La ley de atracción

Esta es una ley mediante la cual atraemos hacia nosotros aquello en lo que nos enfocamos, ya que nuestros pensamientos emiten frecuencias vibratorias en forma de mensajes al Universo. Así, si nos concentramos en metas positivas, llegarán a nuestra vida situaciones, cosas y personas, gratas. Si por el contrario, ponemos toda la atención en aspectos negativos atraeremos todo tipo de desgracias y circunstancias desagradables. Ten en cuenta que los humanos somos como grandes imanes capaces de atraer todo aquello que anhelamos, y para ello solo se necesita pensamientos y deseos bien orientados. Recuerda que para la ley de la atracción no hay bien ni mal… el Universo solo refleja tu estado de ánimo y manifiesta tus deseos. No temas, pide lo que anhelas… te será concedido.

Claves para la buena atracción

*Enfocar los pensamientos en situaciones, emociones y personas que nos den felicidad. *Eliminar pensamientos negativos. *Erradicar de nuestro vocabulario palabras y frases pesimistas. *Visualizar soluciones exitosas ante metas dificultosas. Eliminar dudas sobre la ley. *Rechazar pensamientos dolorosos, aterradores o que generen ansiedad. *Darle gracias al Universo por las muchas o pocas cosas buenas que nos suceden. *Abrir la mente a nuevas formas de ver y experimentar la existencia. *Alejarse de todo lo que nos produzca desánimo y tristeza.

No desesperes... siempre hay una salida

Hay momentos en la vida en que la desesperación nos atrapa. Vemos nuestro presente gris y nuestro futuro, negro. La vida, con todos sus matices, se ve como una carga. Se hace difícil levantarse cada mañana y seguir adelante. Sin embargo, la buena noticia es que se puede revertir la situación. Nada hay en este Universo que permanezca inalterable, y nosotros no somos la excepción. Es posible cambiar y sentirse mejor.

El primer paso es calmarse, aunque sea un poco, de la manera que sea, para poner orden a los pensamientos y estados de ánimo. Una vez tomadas las riendas de las emociones y devaneos, será preciso hacernos de un cuaderno y plasmar en él, en la primera columna, los recursos y habilidades de las que disponemos; en la segunda, las emociones que nos dominan; en la tercera, los problemas que creemos tener y debemos resolver; y en la cuarta, los deseos y objetivos concretos, evitando las cosas delirantes o imposibles. Con este «Plano de Vida» será posible evaluar más fría y lógicamente cada aspecto de nuestra personalidad. Esto nos brindará la oportunidad de encarrilarnos, encauzar mejor nuestras energías y eliminar la sensación de tragedia que nos embarga.

Sugerencia: Si te cuesta salir de este estado emocional, no olvides que siempre hay alguien dispuesto a ayudar (familiar, amigo, terapeuta) y toma en cuenta las diferentes alternativas que te proponemos en este libro para acercarte a la felicidad.

Pocos minutos alcanzan para encontrar a «tu media naranja»

Ya llamamos a todos los números que se nos ocurrieron, chateamos, nuestros amigos no tienen más personas para presentarnos, hemos pasado por varias experiencias de citas a ciegas, y en la oficina es imposible conocer a alguien íntimamente u organizar una salida porque el lugar es puro cotilleo. ¿Qué hacer? Animarse a algo diferente. Más allá de la conocida propuesta de las reuniones en casas, bares o clubes en donde se realizan actividades, se ofrecen cenas y hasta se pasan películas a las que asisten hombres y mujeres solteros, viudos o divorciados (separados por edades) para que se conozcan y tengan la posibilidad de encontrar una pareja, existe una nueva alternativa: el Speed dating (cita rápida). Consiste en eventos en pubs y bares donde 8 personas tienen la posibilidad de conocer a otras 8 personas durante 8 minutos. En ese lapso cada uno se presenta y habla de sus gustos y preferencias. Si hay un mutuo interés, a través de la misma empresa organizadora se trasmiten los resultados y ponen en contacto a la pareja para que programen un encuentro.

Si bien este sistema puede resultar extraño, puede ser efectivo para aquellos tímidos y tímidas que tienen miedo a estar mucho tiempo expuestos ante otra persona con la que deben hablar largo y tendido y «romper el hielo». Es cuestión de probar.

El poder de un abrazo

El contacto físico, además de ser agradable, es necesario. Reconforta, alegra, mejora el estado de ánimo y brinda contención. Si todos los días pudiéramos recibir y dar un abrazo verdadero, generoso, cariñoso, nuestra vida cotidiana sería mucho más encantadora.

Este acto tan humilde y sencillo, sin embargo, es bastante escatimado y, en no pocas ocasiones, genera incertidumbre o vergüenza tanto al darlo como al recibirlo. Es algo contradictorio que siendo tan importante para todo ser viviente el ser acariciado y tocado, a veces temamos acercarnos tiernamente hacia el otro o dejarnos mimar. Nos da miedo la cercanía y a la vez las anhelamos, desconfiamos de quienes nos rodean, pero sabemos muy dentro de nosotros que un abrazo nos desarmaría.

Comencemos una campaña. Abracemos a nuestra pareja, a nuestros hijos, padres, amigos. No dejemos pasar la oportunidad. Volquemos en ese contacto todo nuestro afecto. Quizás al principio nos pregunten qué nos pasa o se resistan a ese acercamiento, pero seguro que con el tiempo no sólo les encantará sino que lo esperarán con agrado y regocijo.

La ternura, la simpatía, las emociones nobles no deben ser contenidas, sino prodigadas generosamente; son el mejor remedio contra la apatía y la tristeza.

Técnicas para desarrollar un pensamiento creativo

ontinuamente nos enfrentamos a dilemas y situaciones que debemos resolver, a corto, mediano o largo plazo.

En reiteradas oportunidades, al no hallar soluciones óptimas, nos estancamos, sentimos agobio y frustración y quedamos dando vueltas sobre el mismo tema durante bastante tiempo, por lo cual no nos es posible focalizarnos en nuevas cuestiones. De modo que ser creativos será fundamental para resolver lo presente y dedicar tiempo a proyectos y propuestas venideras.

Veamos algunas técnicas:

1) Definir, lo mejor que se pueda, el problema.
2) Analizarlo desde varios ángulos.
3) Identificar lo que no es.
4) Proponer no sólo salidas lógicas, sino también todas aquellas que parezcan disparatas.
5) Desgajar la problemática en partes o componentes y estudiarlos por separado.

6) Enumerar todos los recursos con los que contamos y que podrían aplicarse a la circunstancia evaluada.

7) Comentar el problema con alguna persona experimentada en el asunto que debemos solucionar, y que nos brinde su punto de vista. Puede que la mirada del otro esté libre de los condicionamientos que a veces nos limitan.

Actitud interior

Dos amigos trabajaban en un pueblo y decidieron ir a pasar unos días a la ciudad. Comenzaron a caminar y en una calle vieron un burdel que estaba frente a un santuario. Uno de los amigos decidió pasar unas horas en el burdel, bebiendo y divirtiéndose; el otro, en cambio, prefirió pasar ese tiempo en el santuario, escuchando palabras sabias y sagradas. Pasaron unos minutos, y entonces el amigo que estaba en el burdel comenzó a lamentar no estar escuchando al maestro en el santuario, en tanto que el otro amigo comenzó a desear estar de jolgorio en el burdel. De este modo, el hombre que estaba en el burdel obtuvo los mismos méritos que si hubiera estado en el santuario, y el que estaba en el santuario acumuló tantos deméritos como si hubiera estado en el burdel.

Deshazte de esos hábitos que te perjudican

Somos animales de costumbres, eso es clarísimo, y hacer cambios, por pequeños que sean, cuesta, pero no es imposible. Cuando nuestras reacciones, acciones y comportamientos no resultan eficaces para resolver situaciones actuales, se hace indispensable virar el rumbo y disponerse a realizar un nuevo aprendizaje. En esta etapa, pues, necesitaremos abrirnos a perspectivas diferentes, cuestionarnos antiguos razonamientos y creencias y aceptar transformarnos. Para iniciarse en este camino ten en cuenta:

✖ Cuestiona todas esas creencias que te producen problemas y no te dejan ser feliz. Enfréntalas con firmeza.

✖ Concéntrate en la respiración porque es fundamental para cambiar los patrones mentales.

✖ Cuando veas que estás a punto de caer en un viejo hábito, exhala fuertemente como si lo desalojaras de tu cuerpo.

✖ Recuerda que para formar un nuevo hábito son necesarias dos condiciones: repetición y deseo. Sin éste último es imposible generar cambios y sin la primera no hay incorporación y asimilación.

✖ Entrena tu mente como los deportistas lo hacen con su cuerpo: con dedicación, empeño y constancia.

✖ Creen en ti. Ralph Emerson decía que la confianza en uno mismo era el primer secreto del éxito.

Mímate con diferentes técnicas de masajes

El masaje es un arte y produce maravillas en nuestro cuerpo y estado de ánimo. Relaja, calma dolores musculares, descontractura y es fantástico para contrarrestar los efectos del estrés. Existen muchísimas técnicas, cada una con características que les son propias y que brindan diferentes beneficios. Veamos algunas de ellas:

Shiatsu: Con esta técnica japonesa se trabaja directamente sobre los canales de energía. **Tailandés:** Se realizan masajes sobre los canales Zen (por donde circula la energía vital o chi). El chi actúa sobre los procesos mentales, físicos y emocionales de cada individuo. **Kobido:** Es un tipo de masaje japonés destinado a mejorar el aspecto del rostro. **Sueco:** Se trata de una combinación de masajes orientales y occidentales que consisten en cinco movimientos básicos: amasamiento, percusión, fricción, vibración y frote suave. Es excelente para estimular la circulación sanguínea y producir relajación muscular. **Ayurvédico:** En la medicina ayurvédica los doshas o temperamentos se clasifican en tres: pitta, kapha y vata; de acuerdo con esta clasificación se aplican diferentes masajes en diversos puntos del cuerpo. **Pinda Swedana:** Se utilizan, aquí, sacos o bolsas calientes (del tamaño de una naranja) compuestos por diferentes hierbas aromáticas y sustancias naturales para trabajar sobre todo el cuerpo.

¿Qué esperas de mí?

Todos somos una suma de lo que fuimos, de lo que somos, de lo que deseamos ser y, mal que nos pese, de lo que esperan que seamos. Sin embargo, es en este último punto donde deseamos detenernos ya que, por lo general, suele ser motivo de grandes disgustos.

Si bien es cierto que, en muchas ocasiones, las expectativas ajenas influyen en nuestras decisiones y comportamientos, también lo es el derecho y la obligación que tenemos de frenar o moderar esa influencia. Es decir, no es aceptable permitir que los deseos de los otros nos lleven a ser diferentes. Actuar según parámetros ajenos es ir en contra de la salud y la propia felicidad.

¿Cuántas parejas, sin estar conformes con algunas características o hábitos del compañero o compañera, deciden convivir, pensando que en algún momento harán cambiar al otro? ¿Cuántos se esfuerzan por ser como lo desea otra persona?

No tiene sentido transformarnos o cambiar para complacer. Eso no es ni amor ni respeto, de ninguna de las partes. Más bien es una conjugación de elementos: atropello, poder, desamor e insatisfacción. Aceptarnos como somos, defender nuestra postura y aceptar al otro con sus particularidades, habla de una personalidad madura y de una relación basada en el afecto y la consideración.

Celebra la vida: ¡Vale la pena estar vivo!

La desesperanza, que incluye síntomas tales como falta de energía, congoja, desgana y hasta desesperación, es la tendencia a hacer inferencias negativas sobre nuestra vida, a considerar que todos los sucesos tristes y desagradables que hemos experimentado volverán a repetirse una y otra vez hasta el final. Esto significa adoptar una posición fatalista ante la vida y concluir a cada momento que nada tiene solución, nada se puede hacer para mejorar o sentirse bien y que las experiencias penosas serán no solo inevitables, sino permanentes y afectarán todos y cada uno de los aspectos que involucran la cotidianidad.

Para salir de este laberinto es necesario reflexionar sobre el papel de nuestros pensamientos como elemento que matiza el impacto de los acontecimientos negativos en nuestro bienestar emocional, y sobre la necesidad de educar y fomentar nuestra mente para focalizarse de manera optimista. Sentirse mejor y alegre se puede lograr, a pesar de todos los pronósticos nefastos que se nos puedan ocurrir. La vida ofrece miles de alternativas para transitarla… podemos agachar la cabeza, poner los ojos vidriosos e ir viviendo cada día como una desgracia personal o erguirnos y salir a enfrentar nuestro destino con una actitud de coraje, de búsqueda de plenitud. Eso depende exclusivamente de ti.

Estudia tu presente a través de un genograma

Un genograma es un esquema o dibujo semejante a un árbol genealógico, detallado, por cierto, que registra, ordenadamente, la información de los miembros de la familia y sus relaciones. Con registrar tres generaciones, si se puede, es suficiente. Los genogramas plasman la forma en que cada miembro se comportaba, el carácter que tenía, cómo vivía, etc. Este ejercicio nos brinda la posibilidad de volcar en un papel y tener frente a nosotros montones de datos que, por increíble que parezca, influyeron e influyen en nuestra personalidad. Esta herramienta puede hacernos comprender por qué conectamos con la gente de una manera determinada, por qué somos ordenados o no, qué hace que respondamos con ira ante ciertos estímulos, en vez de manifestarnos con dulzura o calma. No olvides que la familia es quien forma, en primer lugar, nuestro carácter y nuestra manera de desenvolvernos en sociedad.

Armando tu genograma

A tu alrededor se irá armando dicha estructura. Los hombres pueden ser identificados con un cuadrado y, las mujeres, con un círculo. Si un integrante de la familia ha fallecido se coloca una X. En cada círculo o cuadrado debes poner la información que consideres relevante de la persona, en lo posible detallando fechas. A través de líneas podrás establecer los distintos tipos de lazos (marido, abuela, tío, etc.).

Eres tú quien decide cómo debe responder tu cuerpo

El *biofeedback* es un excelente método para estudiar y controlar nuestras respuestas fisiológicas antes determinados estímulos.

El entrenamiento de *biofeedback* tiene como finalidad que el paciente/cliente comprenda la estrecha relación que existe entre su organismo y su mente. Aprender, entonces, a reconocer respuestas fisiológicas y a alterarlas para que no produzcan daño en el organismo es la clave de esta fabulosa herramienta. Con la práctica, se hace posible no sólo identificar causas y consecuencias sino además manipular la información generar efectos positivos. En una sesión típica, se monitoriza a los clientes a través de censores colocados en la superficie de la piel y dispuestos en varias localizaciones del cuerpo. Los impulsos eléctricos de estas localizaciones se registran y se reflejan en un ordenador. De ello se podrá inferir cómo se producen ciertos patrones de comportamiento y cuáles serán las medidas a tomar para controlarnos mejor. Este entrenamiento es muy eficaz para el control de la ansiedad, cefaleas, problemas de concentración y aprendizaje, nerviosismo, tensión, estrés, dolores crónicos, hipertensión, bruxismo, por mencionar a algunos. El *biofeedback* es un recurso para tener en cuenta si se desean probar otras alternativas para mejorar la salud y calidad de vida.

Decídete por la soledad o la compañía

La soledad no es buena o mala. Tendrá una connotación negativa o positiva según cómo la experimenta cada individuo. Para unos será una bendición y, para otros, un castigo.

Sea cual fuere el caso, se debe vivir conforme a esa postura, es decir, si lo que aprecias es estar solo, deberás proteger esa elección a cualquier precio; pero cuando estás en soledad y sufres por este estado, surge la pregunta… ¿qué es lo que estás haciendo en tu vida para vivir de manera tan contradictoria? Odias la soledad pero no haces nada por salir de ella. Este problema se plantea en un número impresionante de personas. Gente que por un lado desea compañía pero hace todo lo necesario para alejarse de ella. Y el inconveniente surge porque estos individuos que odian la soledad no soportan compartir, hacer actos desinteresados, cambiar actitudes. Viven solos no por elección sino porque no soportan dedicar tiempo al otro o aceptar errores ajenos. Así no es posible relacionarse. El tener amigos o pareja implica ceder cosas de uno, ayudar y comprender a quien se tiene al lado, abrirse más a los afectos.

La mayoría de los que viven en soledad sin desearla saben que son intolerantes, que no les gusta dar nada de sí o poco. Proponte esta tarea: empieza a relacionarte más, sal, conoce gente nueva, llama a tus conocidos, pero con una actitud nueva, desde un lugar de generosidad y amabilidad. Verás cómo, lentamente, la gente se acercará a ti.

De las mentiras nada bueno sale

En el film *Mentiras piadosas* (basado en el cuento «La salud de los enfermos», de Cortázar) se narra la particular historia de una familia que, por temor a dañar la frágil salud de la madre, crea una trama de intrigas y malentendidos alrededor de la desaparición de unos de sus miembros. Las complicaciones, obviamente, se ramifican mientras la ficción creada y la realidad de los personajes se confunden hasta llegar a niveles insoportables.

Esta película es muy buen ejemplo para observar las consecuencias de las mentiras, incluso las de aquellas bien intencionadas, ya que eso que no se dice o que se expresa soterradamente, muchas veces, lleva a equívocos y circunstancias más enrevesadas aún.

En ciertas ocasiones, por temor a herir o para cuidar al otro, evitamos pronunciar verdades o las emitimos dulcificadas y maquilladas, y esto, termina provocando serios inconvenientes. La verdad expresada con respeto, cariño y ánimo de ayudar resuelve situaciones, genera agradecimiento y produce confianza.

Las mentiras dichas, aunque sea con la mejor de las intenciones, tarde o temprano se descubren y sus resultados nunca son buenos.

Ten presente: *La sinceridad, en ocasiones, hace llorar, pero su falta puede destrozar lazos para siempre.*

Evalúa cada situación con claridad

Existe un error bastante frecuente en las personas: el de tomar algunos episodios especialmente desagradable de sus vidas, elaborar a partir de ellos predicciones inmodificables y generar desde allí una serie de comportamientos exagerados e irracionales motivados por el temor de que se repitan. Una conducta normal y funcional tiene por objeto tomar precauciones sensatas para que un suceso traumático no suceda nuevamente, por el contrario, una disfuncional o ilógica tiende a evitar dicha experiencia y con las medidas más absurdas. Un pequeño problema en manos de razonamientos falsos puede terminar en todo tipo de fobias y comportamientos desagradables.

Si percibimos que frecuentemente somos víctimas de estas trampas internas será necesario, entonces, detenernos y remontarnos al origen del inconveniente para redimensionarlo y darle su lugar y peso justos. Asimismo, deberemos realizar un reajuste a nuestras respuestas para que se adapten mejor a la realidad, a lo concreto. De este modo, eliminaremos una de las grandes trabas que detienen nuestro crecimiento y desarrollo normal.

Las tres rejas

Un joven discípulo dice a su maestro:

—Maestro, un hombre estuvo hablando mal de ti.

—¡Aguarda! —lo interrumpe el filósofo—. ¿Hiciste pasar por las tres rejas lo que vas a contarme?

—¿Las tres rejas? —preguntó el joven.

—Sí. La primera es la de la verdad, con lo cual te pregunto, ¿estás seguro de que lo que quieres decirme es absolutamente cierto?

—Ahora que lo dices, no. Lo oí de unos vecinos.

—Supongo, al menos, que lo habrás hecho pasar por la segunda de las rejas, que es la bondad. De modo que la pregunta es: ¿Eso que deseas decirme es bueno para alguien?

—En realidad, no. Al contrario.

—Y finalmente la última reja es la de la necesidad. Entonces... ¿Es necesario hacerme saber eso que tanto te inquieta?

—A decir verdad, no.

—Entonces... —dijo el sabio de manera benevolente—, si no es verdad, ni bueno ni necesario, olvidémoslo.

Anónimo

Cómo dejar de repetir los mismos errores

*M*úchas veces nos hemos prometido que no volveríamos a decir o hacer algo y después nos encontramos prácticamente haciendo eso mismo que juramos no repetir, ¿verdad?

La compulsión de repetición es un concepto que Freud definió para intentar explicar el impulso a repetir actos, juegos, pensamientos o situaciones desagradables o dolorosas, en donde la persona se sitúa activamente en situaciones penosas, perpetuando experiencias y sin poder hallar el modo de escapar a esta trampa mortal. La gran pregunta, pues, es si es posible hallar una solución para este problema. La respuesta a ella es **sí y no**. Sí, si nos decidimos a identificar a aquellas escenas y circunstancias que tendemos a reiterar y trabajar en ello para que no vuelvan a suceder. No, si nos dejamos arrastrar por la inercia y nos estancamos en un lugar de queja e inacción.

Ciertamente, la mente es muy compleja y falta mucho para descifrar, aunque sea, una pequeña parte de ella. Esto nos lleva a concluir que no todo acto repetitivo puede interrumpirse de manera efectiva o inmediata. Por lo cual, de acuerdo con el nivel de complejidad del problema, la solución dependerá, en última instancia, de una buena guía psicológica y de la fuerza de voluntad y empeño que pongamos en lograr el objetivo.

Recuerda: conocer la calidad de lo que se repite, implica orientar correctamente la dirección de la cura.

Siéntete cómodo en todo lugar

Existe una emoción que puede ser más o menos habitual en la vida de una persona, pero que siempre resulta incómoda: el sentirse fuera de lugar.

Muchas personas se han sentido así en algún momento de sus vidas, simplemente, porque no «encajaron» con el grupo en el que estaban. Esa percepción que se maneja mejor en la madurez que en la infancia o en la adolescencia, en donde el rechazo del grupo puede afectar de manera muy negativa la autoestima, no es un detalle menor en la vida del adulto, pues, el sentirse desubicado o diferente al resto puede producirle bastantes inconvenientes. Ese sentimiento también suele presentarse cuando poseemos valores y parámetros diferentes a quienes nos rodean. En esos casos, una medida apropiada es encontrar personas con las mismas afinidades e inquietudes en vez de cambiar la «forma de ser» para ser aceptados. Siempre debemos mantener la fidelidad a uno mismo.

En general, suele ser motivo de temor el notarnos diferentes, pero la verdad es que todo ser humano es único e irrepetible y, más allá de las semejanzas que existen entre los individuos también hay diferencias evidentes, cualidades inherentes a cada persona que valen la pena proteger y potenciar.

Posee una personalidad magnética

Existen individuos que ejercen un **gran magnetismo sobre los demás** y que, hagan lo que hagan, suscitan admiración y se destacan en todo lugar y momento. Son personas que atraen, caen bien, llaman la atención, encantan. Esta característica (ambicionada por muchos, especialmente por personas retraídas y con problemas para relacionarse) si bien suele presentarse como un don natural, también puede ser una cualidad aprendida y cultivada. Como todo, requiere aprendizaje y práctica. Para lograr desarrollar este tipo de atracción, pues, será importante implementar ciertos cambios y desarrollar habilidades y actitudes específicas. Puntos principales: *Aprender a confiar y a creer más en uno mismo. *Ser más seguros y convincentes. *Sin arrogancia o soberbia exponer de manera clara y concisa ideas y proyectos. * Hacernos valer como somos, sin máscaras ni embustes. *Escuchar atentamente y con respeto la opinión de los demás. * Aceptar a quienes nos rodean tal y como son, con sus principios, conceptos, defectos y virtudes. *Ser gentiles y considerados.

¿Cómo puedes tener carisma? Preocúpate más en hacer que otros se sientan bien consigo mismos que hacerlos sentir bien contigo.

Dan Reiland

Los cuatro acuerdos

Los cuatro acuerdos es un ensayo de Miguel Ruiz que está basado en la sabiduría tolteca. En él se explica y describe la visión del mundo que debería tener cada persona para ser feliz y vivir equilibradamente. Para lograr tal estado de plenitud y bienestar propone 4 principios o reglas:

1- «Sé impecable con tus palabras.»
2- «No te tomes nada personalmente.»
3- «No hagas suposiciones.»
4- «Haz siempre lo máximo que puedas.»

Estos pactos u objetivos que pueden parecer sencillos y directos, implican necesariamente una actitud activa y comprometida ante la vida, una nueva y renovada manera de encarar la existencia y, también, romper con pactos y creencias anteriores. Cambiar es posible sobre todo cuando nuestras creencias interfieren en nuestra felicidad.

No hay razón para sufrir. La única razón por la que sufres es porque así tú lo exiges. Si observas tu vida encontrarás muchas excusas para sufrir, pero ninguna razón válida. Lo mismo es aplicable a la felicidad. La única razón por la que eres feliz es porque tú decides ser feliz. La felicidad es una elección, como también lo es el sufrimiento.

Miguel Ruiz

Ten algunas estrategias a mano

Un comentario fuera de lugar, una respuesta desubicada, un comportamiento que nos deja en ridículo en medio de una reunión… quien más quien menos, todos hemos experimentado alguna vez este tipo de situaciones penosas que nos exponen, nos sumen en la vergüenza y nos da ganas de desaparecer como por arte de magia. Librarnos de momentos así no es fácil. Sin embargo, existen ciertas estrategias para no quedar tan en evidencia o, por lo menos, que nos permitan salir medianamente airosos de la situación: *Saber pedir disculpas apropiadamente. *Manejar con un toque de humor la situación. A veces, una broma o chiste con gusto y sentido de la oportunidad pueden salvarnos del mal trago. *Perdonarnos y aprender de lo ocurrido. *Mirar el hecho con una perspectiva adecuada: para lo que nosotros parece un desastre, para los otros puede ser tan solo una tonta equivocación.

Sufrir y castigarnos por los equívocos no sólo no resuelve nada sino que nos hace daño y nos trauma. En su lugar, reconocer que todos podemos errar y no tomar el incidente tan a la tremenda es una forma adulta de encarar el problema.

Si en algunos hombres no aparece el lado ridículo, es que no lo hemos buscado bien.

François De La Rochefoucauld

Sé compasivo con los seres que te rodean

La compasión es ese sentimiento de preocupación y responsabilidad que se manifiesta ante el sufrimiento del otro; nos permite entender su dolor, hermanarnos con su padecimiento y socorrerlo. Si deseamos ser compasivos, es imprescindible cultivar la empatía y reconocer la gravedad de las desdichas. Para esto necesitaremos reflexionar sobre las virtudes involucradas en la alegría por el bienestar ajeno. Debemos comprender en toda su magnitud la paz mental y la felicidad interna que se deriva de ello y, al mismo tiempo, la tristeza y negatividad que se desprenden del egoísmo, del cruzarnos de brazos ante las penas ajenas. También resulta vital recapacitar sobre la amabilidad de los otros hacia nosotros, ya que nuestra existencia depende en gran medida de la cooperación e intervención de los demás. No se trata de una mera simbiosis, sino de un complejo circuito de interacciones, vínculos y sentimientos que juntos conforman lo que somos, cómo somos y la manera en que vivimos. Contemplar el mundo desde esta perspectiva cooperativista y compasiva hace que crezca nuestro aprecio hacia todos los seres vivos.

Recuerda… la compasión siempre debe ir de la mano de la solidaridad para auxiliar, brindar apoyo, sostener y aliviar.

Eres capaz de superar tu fobia

La fobia social es un trastorno psicológico que se caracteriza por un sentimiento de miedo intenso y angustia en situaciones sociales. Es tan fuerte su impacto que altera el normal desarrollo de la vida diaria, y, en casos agudos, puede producir conductas de evitación y aislamiento y una serie de efectos físicos tales como: palpitaciones, sudoración profusa, perturbaciones en el sueño, problemas gastrointestinales, temblores.

Es un verdadero tormento para quienes la padecen. Aunque no es tarea fácil llegar a controlar esta fobia, existen algunas alternativas que pueden ayudar a manejarla un poco mejor: *Identificar situaciones que nos mortifican para trabajarlas. *Aprender y poner en práctica técnicas de **relajación** para evitar quedar inmovilizados o aterrados. *Evitar pensamientos del tipo: «Me están mirando», «me están juzgando», «¿habré dicho algo fuera de lugar?», «¿tengo algo raro?». Esas preguntas y afirmaciones solo atraen más angustia y desorientación. *Preguntarse cada vez: «¿tan impresionante o importante soy como para pensar que todos tienen su atención puesta en mí?». A veces, preguntas sencillas como éstas pueden anclarnos a la realidad.

También, habría que tener presente que si se hace imposible dominar este trastorno, diversas terapias como la cognitivo-conductual pueden resultar una interesante opción para controlar los síntomas y mejorar.

Si pides ayuda la recibirás

Hay ocasiones en nuestra vida en que se nos hace imposible seguir adelante, en que no hallamos la manera de sentirnos mejor y disfrutar la vida. Son momentos terribles, especialmente depresivos y desesperanzadores. Nuestras emociones y pensamientos son un caos que conspiran para cerrarnos todas las puertas. Sin embargo, siempre hay una salida… algo que nos brinde la posibilidad de escapar de ese sitio tenebroso y solitario que es la tristeza y la desazón. Una forma posible es pidiendo ayuda. No es fácil tomar la decisión de hablar con alguien, exponernos y solicitarle su auxilio, ya sea porque nuestros propios pensamientos negativos nos detienen o porque hiere nuestro orgullo pedir una mano, pero es más dificultoso aún quedarse atrapado en el desconsuelo. Hablar, a tiempo, sin demoras, con una persona en quien confiemos y creamos apta para sacarnos de este problema es uno de los caminos para afrontar el mal momento. No hay que vacilar, el paso debe darse hoy. La vida merece ser vivida con ánimo, esperanza y alegría.

No es fuerte el que no precisa ayuda, sino el que tiene el coraje de pedirla cuando le hace falta.

Libérate de las etiquetas

Si miramos a nuestro alrededor, nos daremos cuenta de que tenemos una opinión formada de cada una de las personas que conocemos. En cada ámbito (laboral, familiar, educativo), etiquetamos y somos etiquetados. Siempre está el loco o la loca de la familia, la oveja negra, el despilfarrador, la fanática del trabajo, el estudioso, la nerviosa o el histérico. Lamentablemente estos encasillamientos, además de ser limitadores, muchas veces presionan y arrastran a las personas a comportarse de maneras diferentes a lo que son en realidad. Abandonar la costumbre de estigmatizar es todo un trabajo, sobre todo porque resulta más fácil manejarnos con rótulos que andar analizando las peculiaridades de cada individuo. Por otro lado es necesario desligarse, quitarse de encima las etiquetas ya que cercenan nuestra libertad y nos supeditan.

De cualquier modo, debemos evitar el empleo de taxonomías, de clasificaciones absurdas que no hacen más que atrapar y condicionar. Cada individuo está compuesto por miles de matices... no tomarlos en cuenta o solo detenerse en uno de ellos es no valorar todo lo que representa la persona.

El sentido de la vida

El sentido de la vida difiere de un hombre a otro, de un día para otro, de una hora a otra. Así pues, lo que importa no es el sentido de la vida en términos generales, sino el significado concreto de la vida de cada individuo en un momento dado. (...). No deberíamos buscar un sentido abstracto a la vida, pues cada uno tiene en ella su propia misión que cumplir; cada uno debe llevar a cabo su cometido concreto. Por tanto no puede ser reemplazado en la función, ni su vida puede repetirse; su tarea es única como única es su oportunidad para instrumentarla.

Extraído de *El hombre en busca del sentido*,
de Viktor Frankl

Soluciona conflictos en forma positiva: estrategia ganar-ganar

Por mucho que deseemos evitarlos, siempre aparecen. Ya sea en el trabajo, en el seno familiar, con compañeros o amigos, ahí están, acechando para darnos dolores de cabeza. Sin embargo, ante un conflicto, podemos adoptar tres tácticas diferentes, aunque solo una de ellas (ganar-ganar) es la más efectiva:

Perder-perder: es una estrategia en la que se evalúa que ambas partes cedan en algo para resolver el conflicto.

Ganar-perder: En este caso se toma como única opción válida que uno gane y el otro inevitablemente pierda como solución al problema.

Ganar-ganar: Es la forma más positiva de resolver una situación ya que el objetivo es que ambas partes resulten ganadoras. Para ello será necesario evaluar y enfrentar el conflicto con espíritu de conciliación y creatividad para llegar a un acuerdo que beneficie a ambas partes.

Nunca hay que perder de vista que todo conflicto conlleva un aprendizaje y una renovada oportunidad para crecer.

Tómate la vida con más calma

Escapar de la fatiga, producto de la vida moderna, es algo bastante difícil y complicado. Ruidos, atropellos, estrés, exigencias de la moda, la convivencia permanente con extraños en los medios de transporte, hipoteca, preocupaciones... todo contribuye para que nos estresemos, no descansemos correctamente, estemos de mal humor y nos agotemos con más frecuencia. En gran medida, un modo para no llegar a tales umbrales de extenuación y estar más relajados es adoptando una mejor filosofía de vida y poniendo en orden nuestros pensamientos y prioridades. Este nuevo modo de vivir implicará no llevar trabajo a casa, no preocuparse por problemas que escapan a nuestro control, comer ordenada y pausadamente, salir con tiempo para asistir a citas, entre tarea y tarea tomar unos minutos de descanso, restarle importancia a muchos eventos que no la merecen, tomarse la cotidianidad con más calma y alegría. Es asombroso ver cómo podemos ser más activos, tranquilizarnos y aumentar nuestra felicidad poniendo en orden nuestra mente y emociones.

Tu vida es un libro de aventuras

Nuestra memoria es arcón repleto de tesoros: los recuerdos. Para bien o para mal, no podemos acceder a todos ellos, sino a una pequeña parte, y en esa diminuta porción de vivencias a veces no aparece aquello digno de venir al presente. Esto es una pérdida lamentable.

Entonces, una manera de evitar que ciertos recuerdos se tornen irrecuperables y queden apartados en esos rincones inexpugnables de la mente, es anotando nuestras anécdotas, ocurrencias, amores, pasiones, tristezas y aventuras en un diario íntimo. Gracias a este registro es posible mantener frescos esos momentos únicos que marcaron nuestra vida.

Cuando era niño y empezaba a leer historietas, me encantaba dibujar e imaginarme todo tipo de aventuras. Una vez, sin saber bien por qué, me puse a escribir en mi cuaderno las cosas que me sucedían en la escuela. Era tan divertido como jugar a los vaqueros o a los piratas. Contar cosas mías… uno se siente importante. Así que seguí haciéndolo un tiempo, pero al final abandoné. Hace poco me reencontré con mis viejos cuadernos de escuela y también con esa especie de diario. Me puse a leerlo y se me llenaron los ojos de lágrimas. Ahí estaban registradas cosas de las que me había olvidado hace tiempo.

Rubén, 51, médico y sociólogo

Ejercita tu mente

La mayoría suele pensar: yo trabajo, leo, realizo cuentas, hago informes, resuelvo problemas, así que debo tener mi mente muy bien entrenada. ¡Error! ¡No es así!

Lo cierto es que muchas de estas cosas que hacemos a diario ya tienen un procedimiento rutinario de operación, por lo cual, nuestro cerebro no se ejercita como debería, sino que funciona en piloto automático: asume un mínimo de energía y aplica las rutas lógicas de siempre.

Veamos, pues, qué ejercicios podemos hacer para entrenar nuestra mente y aumentar su potencial:

1. Alternar modos de lectura: a veces en voz alta y, otras, en voz baja.
2. Con los ojos cerrados trata de identificar diferentes objetos, texturas y pesos.
3. Utiliza, cuando puedas, la mano no dominante para realizar algunas tareas tales como: escribir, abrir cajones, lavarte los dientes, peinarte, etc.
4. Dedica tiempo a crucigramas diversos juegos de ingenio.
5. Cambia rutinas.
6. Aprende algo nuevo.
7. Mueve algunas cosas de lugar: Al saber dónde está todo, el cerebro ya construyó un mapa y trabaja automáticamente.

Ejercita, pues, tu mente. Eso la refrescará, la relajará y la incitará a enfrentar todo tipo de desafíos.

Deja de preocuparte por lo que piensen de ti

La vergüenza y el temor al ridículo, tan presentes en nuestra experiencia onírica como en la vida real, son unas de las reacciones más difíciles de enfrentar y ocultar.

Séneca decía que los actores podían fingir la risa y el llanto, pero no el rubor; y tenía razón.

Se trata de sensaciones tan duras que la mayoría de las personas prefieren evitarlas aún a costa de perder experiencias dignas de vivirse.

Digámoslo con todas las letras: Estar preparados para hacerle frente a la vergüenza y tener capacidad para afrontar el ridículo son condiciones fundamentales para desenvolverse normalmente en la vida.

No es posible vivir y convivir si nos obsesionamos por «el qué dirán», por lo que pensarán de nosotros o por risitas socarronas, sarcasmos e ironías.

Hay que restarle importancia a cosas como ésas.

Todos, en mayor o en menor medida, estamos expuestos al ridículo, pero si lo tomamos con humor y filosofía, estaremos convirtiendo un hecho negativo en una experiencia enriquecedora y hasta divertida.

Nunca son más ridículas las personas que cuando quieren no serlo o no aparentarlo.

Giacomo Leopardi

Las diecisiete reglas para vivir mejor de Og Mandino

1. Considerar todo lo bueno que poseemos.
2. Dar más de lo que esperan de nosotros en el ámbito laboral para alcanzar lo que deseamos.
3. Aceptar nuestras equivocaciones.
4. Cuidar, dar amor a la familia y dar ejemplo a los hijos.
5. Pensar y actuar positivamente. Evitar menosprecio hacia las propias capacidades. Creer en uno mismo.
6. Dejar de lado el falso orgullo y la vanidad.
7. No dejar que las dificultades arruinen nuestra vida.
8. Aceptar desafíos. Focalizarnos en metas sin perder tiempo y energía en cuestiones que nos alejen de ellas.
9. Vivir el día como si fuera el último de la vida, sin atormentarnos por el pasado o por el futuro.
10. Brindar a cada persona la atención, amabilidad, comprensión y afecto que podamos, sin esperar recompensas.
11. Reírse de uno mismo y de la vida, sin sorna, como remedio para mitigar los problemas y la angustia.
12. Nunca descuidar los detalles.
13. Levantarse alegre y motivado positivamente cada día.
14. Fijar metas claras y reales para cada jornada. Administrarlas y cumplirlas. Jamás dejar de lado disfrutar el día.
15. No dejar que arruinen nuestra felicidad con envidias.
16. Buscar el bien, aún en las adversidades.
17. Entender que la felicidad está dentro de nosotros y tener presente que parte de esa felicidad se logra compartiendo y ayudando.

Qué hacer ante el vacío existencial

Cada época está marcada por diferentes problemas, y necesita una solución específica para ellos. Hoy en día, nos enfrentamos a un fantasma que nos rodea y asusta a cada momento: la frustración existencial y la sensación de vacío en la mayoría de las cosas que realizamos. La sociedad consumista en la que vivimos nos atiborra de objetos y diversiones pero descarta completamente la posibilidad de ofrecer un entorno pleno, feliz y cargado de sentido.

Como decía Frankl:

El sentido debe descubrirse, pero no debe inventarse. Sentido es el sentido concreto en una situación determinada. Cada día y cada hora espera, pues, con un nuevo sentido y a cada persona le aguarda un sentido distinto del de los demás. Existe, pues, un sentido para cada uno y para cada uno hay un sentido especial. No existe ninguna situación en la que la vida deje ya de ofrecernos la posibilidad de sentido y no existe tampoco ninguna persona para la que la vida no tenga dispuesta una tarea. La posibilidad de cumplir un sentido es en cada caso única y la personalidad que puede realizarse es también, en cada caso, singular.

Quiénes deben ser dignos de tu admiración

Decía Kalil Gibran: «La gente habla de plagas estremeciéndose de temor, aunque de destructores como Alejandro y Napoleón habla con extática veneración».

Hoy en día, se ven en los medios de comunicación todo tipo de personajes nefastos que, investidos de glamour y dinero, acaparan la atención y deseo de millones de personas. Dicen cómo hay que vestirse, qué es chic o demodé y cómo debemos vivir. Toman valores como el amor, el respeto, la solidaridad y los invierten, los confunden con intereses egoístas, lujuria e irreverencia. A pesar de ello, poseen una multitudinaria cantidad de fanáticos que los siguen ciegamente.

Cuando uno toma a alguien como ejemplo, debe hacer una buena elección; debe reconocer con qué criterios se maneja el objeto de su admiración, así como informarse de sus ideales y aspiraciones y de cómo los lleva a la práctica. Existe una cantidad abrumadora de personas que han hecho cosas excelentes por la humanidad: inventaron vacunas, maquinarias, ordenadores, trabajaron valerosamente por la paz de una nación, contribuyeron con una causa noble, lucharon por la libertad y la justicia, dieron a luz ideas brillantes que nutrieron a muchas generaciones.

¿Por qué no tomarlos como referentes, como guías? Piénsalo. Los buenos ejemplos te brindarán riqueza espiritual, valores genuinos e ideales correctos.

Buena suerte / mala suerte

menudo atribuimos la imposibilidad de lograr aquello que deseamos a la mala suerte. Como si nos acechara una especie de entidad maligna lista para frustrar cada plan que trazamos. ¿Es más fácil colocar la culpa en el afuera, no? Sin embargo, en la mayoría de los casos, esta «mala racha» no es tal y somos nosotros mismos quienes de manera consciente, a veces, y otras, inconscientemente, nos boicoteamos, impidiendo alcanzar aquellas metas necesarias para sentirnos plenos, satisfechos. ¿Será acaso que no toleramos la idea de triunfar? Esto se debe, principalmente, a la creencia de que no merecemos ser exitosos, que no valemos lo suficiente o que lo que hacemos no alcanza para vencer. Esta línea de pensamiento nos lleva a crear unos mecanismos que, cuando algo, por pequeño que sea, se encamina bien o está cerca de concretarse satisfactoriamente, inmediatamente lo desbarajustan todo y lo truncan para que no finalice favorablemente. Para desarticular este «modo de operar» será fundamental:

✘ Determinar qué tipos de pensamientos nos obstaculizan.
✘ Trabajar en ellos para cambiarlos o erradicarlos.
✘ Programarnos positivamente.

Recuerda: Es probable que exista la Suerte, pero no podemos esperar que ésta nos juegue a favor si estamos empeñados en fracasar.

Desprograma
tus pensamientos erróneos

En la memoria de las células está escrito el programa de nuestra existencia. En ellas se encuentran millones de datos que nos hacen evaluar, responder, reaccionar, construir y resolver situaciones a cada instante.

El método terapéutico que trabaja sobre la memoria celular opera con todas las dimensiones que abarca el ser: físico, mental, espiritual y emocional.

El sistema consiste en sesiones en las cuales el cliente o paciente, a través de conversaciones con el terapeuta y el empleo de un sistema manual de retroalimentación muscular, toma conciencia de toda esa información que rige su vida (situación actual, conflictos, problemas, enfermedades e intereses) y esto le brinda la posibilidad de lidiar de manera consciente con todas esas reglas, estructuras y creencias elaboradas durante años para generar cambios y reestructuraciones más beneficiosas y mejor dirigidas hacia un plano existencial más feliz y pleno.

La desprogramación de la memoria celular sirve para apagar el «automático» con el que nos desenvolvemos a diario, para romper con el círculo de repeticiones involuntarias de nuestras vidas y con mecanismos (hasta el momento ocultos) que nos hacían responder ante dificultades con enfermedad.

Organízate bien para la mudanza

Cambio de paisaje, pérdida de referentes y alteraciones en viejos hábitos: la mudanza a menudo es como una carrera de obstáculos. Según varios estudios, la mudanza es uno de los principales factores causantes de estrés. Horarios y medios de transportes diferentes, nuevos vecinos, cambio de colegio para los niños, embalaje y desembalaje de pertenencias, trámites, son algunos de los inconvenientes con que se debe lidiar, y generan un importante trastorno emocional. Mudarse comporta romper con un modo de vida y con un entorno conocido y, por tanto, seguro. Aunque, en muchas oportunidades este cambio puede ser algo realmente positivo, sin embargo, no deja de experimentarse como una situación traumática.

Para «sobrevivir a esta prueba» es importante organizarse, evaluar cada paso, sopesar todas las alternativas. Es fundamental, además, aceptar decir adiós al hogar, al barrio y a la gente con la que nos cruzábamos a diario.

Hay que darle otra lectura al significado de mudarse, ya que puede ser una nueva oportunidad en la vida… una etapa diferente en la que podemos vivir una cotidianidad distinta. Mudarse implica rearmarse, reorganizarse, deshacerse de viejas cosas y adquirir nuevas. Recuerda que esto puede vivirse de dos formas: como un nuevo camino a recorrer y, por lo tanto, como una aventura y un desafío, o como un duelo permanente en el que la melancolía y el apego a nuestros recuerdos se conviertan en una fuente de dolor y tristeza.

Emplea todo el potencial de tu mente

Por lo general, cuando intentamos resolver un problema apelamos a una serie de procesos lógicos a los que estamos habituados. Sin embargo, esto significa observar un conflicto desde un único punto de vista, bastante limitado y tal vez ineficaz. Sin embargo, si introducimos en nuestro razonamiento técnicas que nos permitan modificar la percepción, observar y resolver cuestiones de manera más creativas, obtendremos muchas más alternativas para solucionar lo que deseamos.

Al emplear el pensamiento lateral ponemos a nuestra disposición una amplia gama de herramientas para lo que debemos enfrentar. Las técnicas que utiliza este tipo de pensamiento podrán parecernos absurdas, pero es innegable que estimulan a nuestra mente a comportarse de una forma atípica, aumentando así nuestra forma de percibir, sentir y resolver.

Trabaja con diferentes elementos y técnicas tales como: *Aprender a formular preguntas correctas para cada problema, *Comprobación de suposiciones. *Cuestionamientos al pensamiento lógico. *Fraccionamiento de una situación en diferentes componentes para analizarlo mejor. *Analogías libres. *Palabras aleatorias. *Inversión del problema.

Lo concreto es que este pensamiento brinda una excelente oportunidad para ver el mundo de otra manera y ofrecer soluciones extraordinarias a problemas a los cuales no encontrábamos soluciones viables y efectivas.

Intenta sanarte con la terapia megavitamínica

Tambien llamada medicina ortomolecular o nutrición ortomolecular es una terapia alternativa que recomienda el uso de cantidades importantes de vitaminas, proteínas, minerales, aminoácidos, oligoelementos y ácidos grasos para solucionar problemas tanto del orden físico como mental y emocional.

Esta técnica consiste en corregir los desequilibrios nutricionales y bioquímicos para armonizar el organismo.

La terapia curativa restaura el entorno óptimo del cuerpo mediante la corrección de los desequilibrios o deficiencias

en la bioquímica de un individuo con lo cual se conduce al paciente a sentir interesantes mejorías.

Este sistema es considerado por muchos como un método revolucionario, ya que al incorporar los nutrientes correctos al organismo, las enfermedades, malestares y trastornos pueden ser erradicados rápidamente.

Procedimiento:

1. Se confecciona una historia clínica detallada del paciente.
2. Se le hacen pruebas al paciente y se le solicitan los estudios de laboratorio.
3. Con la información obtenida, se arma un plan de tratamiento, con prioridades escalonadas, según la demanda de cada persona.

El método actúa en forma progresiva en cuatro ámbitos del paciente:

✖ La nutrición (a través de un reordenamiento en la alimentación).
✖ Técnicas de control de estrés.
✖ La actividad física.
✖ Medicamentos ortomoleculares.

¡Vence tu miedo a la muerte!
Que no te impida ser feliz

Detrás del temor a la muerte se esconden terrores profundos, recuerdos traumáticos, vaticinios funestos sobre lo desconocido… monstruos que acechan en la imaginación, que condicionan el día a día y la disposición hacia la fase final de la existencia que conocemos.

A medida que pasan los años, en vez de reconciliarnos dulcemente con la idea del fin, nos atormentamos con su idea. El sufrimiento se agudiza y los minutos se esfuman entre el miedo y los lamentos; así, el vivir se evapora inútilmente, se desperdicia.

Al hombre actual le resulta insoportable enfrentarse cara a cara con la limitación de la vida individual y no desea ser el portador de una antorcha que en algún momento deberá entregar a otro, sólo piensa en su propia finitud. Sin embargo justamente es esa la actitud errónea que hace que su existencia se pierda sin sentido.

Pocos entienden la muerte como una transición, como un simple pasaje hacia otro mundo, quizá diferente, quizá mejor. Pensar «en el final» como un sencillo cambio de condición, como una mutación es lo que nos puede reconciliar con su sentido y aproximarnos a la existencia experimentada plenamente y sin miedos.

Para reconciliarse con la vida y la muerte

- Acepta que la muerte es algo inevitable y, por lo tanto, no tiene ningún sentido oponerte a ella.
- Tal como dice la Ley de atracción... uno atrae aquello sobre lo que se concentra. Si te focalizas en la muerte, la hallarás más rápidamente.
- Lleva tu atención hacia las cosas bellas y agradables que te ofrece la vida. Deja de darle tanta importancia a algo que escapa a tu control.
- Hecha mano de tu fe y creencias religiosas, pueden ofrecerte las respuestas y consuelo que tanto estás necesitando.

Reconoce y respeta los límites propios y ajenos

Cada uno necesita conocerse y ser dueño de sí, pero la autoexigencia excesiva representa no sólo desconocerse sino atentar contra la propia calidad de vida. La persona autoexigente, por lo general, se vuelve intolerante y déspota hacia sí misma y hacia los demás. No soporta equivocaciones, retrasos o cambios de parecer. Cada día necesita ser mejor que ayer, correr el límite un poco más. También le es imprescindible demostrar que vale, porque detrás de esta necesidad se esconde una baja autoestima. Esta conducta, lamentablemente, perjudica todas sus relaciones. El perfeccionista se esfuerza tanto en ser mejor que los demás que es capaz de dejar de lado cuanta cosa gratificante se le presente si ello interrumpe su objetivo.

Si tú sientes que encajas con este perfil podrías tomar algunas medidas para hacerle frente al problema: *Fíjate metas más acordes con tu realidad. *Aprende a disfrutar y a gozar de pequeños descansos y diversiones. *Deja de pensar en términos blanco o negro, bien o mal, éxito o fracaso. Ten respeto por cada cosa que realizas y valórala. *Tolera y tolérate errores. *Proponte no preocuparte tanto por los resultados, como por los procesos mismos. *Acepta que la perfección no existe, y de ahí en más será difícil sostener tu posición tan inflexible.

No te conviertas en un gruñón crónico

Quizá, hoy, seguiría con mi pareja si no hubiera sido tan pesada con mis regañinas. Día y noche... no hagas esto, presta atención, no te equivoques, dejaste aquello fuera de lugar, llegaste tarde, perdiste los papeles que te di, eres un irresponsable. Nada me satisfacía. Cualquier motivo servía para retarlo. Hasta que la situación se hizo insostenible y rompimos.

Marta, 52 años, docente

Estas palabras exponen un problema que se manifiesta muy a menudo en hombres y mujeres: la personalidad regañadora.

Los reprendedores compulsivos están atentos a cuanto sucede a su alrededor y no pierden oportunidad de señalar errores ajenos. Salvo raras excepciones jamás reconocen sus propias equivocaciones, sencillamente las omiten. Sin embargo, en su interior saben que son tan mortales como el resto, sólo que no lo admiten, no quieren exponerse al dedo acusador de los demás. Maltratan, avasallan y dan órdenes... todo el tiempo. ¡Y pobre del que ose oponerse, contestarle o ignorarlo!

Una actitud tan destructiva como ésta debe ser detenida cuanto antes si se desea conservar el núcleo familiar y de amigos. Aunque el regaño, en el momento y lugar oportunos puede servir para rectificar un mal hábito o actitud errónea, de manera continua, sin respeto por la libertad del otro puede dañar todas las relaciones. Siempre se debe conservar una actitud humilde, y antes de emitir un juicio o una protesta es necesario tener presente las necesidades y personalidad del otro.

Cuida tu salud con lo que te brinda la naturaleza

Nuestros ritmos de vida son tan extenuantes y agotadores que terminan ocasionándonos muchas enfermedades y desequilibrios. Esto, por lo general, nos lleva a acudir, casi de manera inmediata, a ese botiquín «todo terreno» que tenemos en casa, para reintegrarnos en forma rápida a nuestras obligaciones. Sin embargo, acallar con sustancias químicas lo que denuncia nuestro cuerpo no es la mejor manera de vivir sanamente. Debemos tener en cuenta, ante todo, que tanto signos como síntomas son expresiones de nuestro organismo, son las señales que nuestro cuerpo emite para avisarnos que algo no anda correctamente y que, por lo tanto, debemos pisar el freno y revisar la maquinaria para ver qué le está sucediendo. Una opción más saludable sería reemplazar todos esos medicamentos que tenemos en la mesita de luz o en el baño por productos naturales como los fitoterapéuticos que si bien requieren un tiempo más prolongado para brindar resultados, tienen efectos secundarios infinitamente menores. Obviamente, una dieta bien equilibrada, la práctica de ejercicio y las consultas regulares con el médico deben ser prioritarias a la hora de tomar medidas para mantener o recuperar la salud.

La naturaleza proporciona las sustancias necesarias para curar las dolencias de la humanidad.

Confía en ti mismo.
Eres fuerte y capaz

Veinte veces repaso la cerradura de la puerta; treinta, la llave del gas. Me da miedo tomar decisiones por inocuas que sean. Sufro cada que vez que me piden una opinión. Me da pavor ser la última palabra en un proyecto o negocio. Así no se puede vivir.

José, 30 años

¿Qué es lo que hace que algunas personas se sientan inseguras y otras no?, ¿se puede modificar esa actitud?

Sin duda, la inseguridad es temor a arriesgarse a tomar una decisión, a dar un paso. Es un rasgo de carácter adquirido y aprendido a través de los años. Posiblemente, ciertas experiencias traumáticas fueron parte del problema que ahora se avizora. La persona que no se autofortalece, que no confía en sí misma, le asusta las responsabilidades y pierde mucho tiempo con dudas. Estar 100% seguros de nuestras decisiones en esta vida no es posible. Se debe partir de la premisa que nada en este Universo es absolutamente previsible, por lo cual, cualquier opción que se tome comporta un posible riesgo. Jorge L. Borges decía que el peor de los laberintos no era el de forma intrincada sino el que poseía una simple y precisa línea recta, ya que de un vistazo se veía el principio y el final y, por tanto, no tenía misterio. La simplicidad, lo fácil era el peor de los castigos.

Aceptar desafíos a pesar de los temores, de los imprevistos es lo que hace que la vida sea interesante.

La balsa (cuento tibetano)

Cuenta la historia que un peregrino, tras varios días de caminata, vio su paso interrumpido por un gran río. Del lado donde él estaba la orilla era peligrosa, aterradora y estaba habitada por animales salvajes. Al otro lado, en cambio, la orilla se veía más segura y sin peligros. Pero no lograba hallar ningún puente o balsa para cruzarlo. Por lo cual, decidió construir una balsa con ramas de árbol, hierbas y hojas. Y sirviéndose de las manos y los pies cruzó el río con la balsa. Llegó, así, a la seguridad de la otra orilla que era serena y sosegada.

Entonces se dijo «esta balsa me fue de gran ayuda. Me permitió pasar de una orilla a la otra. Sería correcto que la llevara conmigo a todas partes». Y se alejó, con su balsa a cuestas...

Dicen que Buda se refería a sus enseñanzas como si fueran una balsa, la cual servía para apartarse de la orilla del sufrimiento y llegar a la de la sabiduría y bienaventuranza. Luego la balsa ya no era necesaria y había que despojarse de ella. Seguir cargándola equivalía a retornar a la orilla equivocada.

¿Te hiciste una carta astral?

La carta astral muestra la posición exacta en que se hallaban Sol, la Luna y los planetas cuando nacimos. Este mapa influye y «condiciona» diferentes aspectos de nuestra vida.

Veamos cómo funciona. Para la astrología, todos tenemos tres signos con respecto a la ubicación astral. El solar es el que habitualmente conocemos como «nuestro signo», y define nuestra personalidad; el lunar es el que guía nuestros estados emotivos; y el ascendente interviene en nuestro temperamento, la imagen que tenemos ante los demás y la manera en que nos relacionaremos socialmente.

La carta natal nos brinda, entre otras cosas, un conocimiento más profundo de nuestra esencia y nos ayuda a modelar nuestro destino, a tomar decisiones correctas y determinaciones que nos conducirán a tomar medidas más adecuadas en lo privado y en profesional.

¿Lo que dice la carta es inalterable? De ninguna manera. Según los astrólogos la vida es una mezcla de destino y libre albedrío, por lo cual, si la carta nos da una información, es posible implementar cambios en nuestro destino.

Como dijo Osho: Cuando un actor recibe el guión de su film, no se pone a llorar por anticipado si su personaje va a morir o va a vivir un episodio triste, sólo se compromete a hacer su papel lo mejor que pueda. En la medida que se vive el presente, el pasado deja de pesar y el futuro no angustia.

Comienza a delegar

Hay personas que no saben o no desean delegar tareas ya que no encuentran a nadie capaz de hacer las cosas como ellas las hacen, creen ser irreemplazables y que si no están, las cosas no funcionarán adecuadamente. El que no puede delegar está siempre ocupado, enojado y cargado de responsabilidades, se exige mucho a sí mismo y a los demás. Vive descalificando y criticando. Es controlador y no quiere pedir ayuda. Esta falta de confianza en los otros hace que se sobrecargue de obligaciones y disponga de poco tiempo para su descanso y diversión personal. ¿Realmente esto es vida? ¿Durante cuánto tiempo se puede estar así sin sufrir, amargarse y perder la salud? La confianza en el otro y el cese de la búsqueda permanente de la perfección, mal que pese, es el modo de liberarse, de recuperar la felicidad y la capacidad de disfrute. Para confiar en los demás hay que estar dispuesto a conocerlos, a ver cuáles son sus capacidades y puntos flojos, aceptarlos tal cual son y solicitarles tareas que concuerden con sus perfiles. La comunicación es fundamental tanto para comprender como para darnos a entender y expresar lo que deseamos.

Recuerda: Cada persona tiene su propia forma de hacer las cosas, no tenemos derecho a imponer nuestras reglas.

Instantáneas de felicidad

En estos tiempos un tanto difíciles, con preocupaciones y obligaciones, muchos terapeutas sugieren hacer deportes, tener hobbies, realizar cursos, para canalizar la tensión acumulada y focalizarse, así, en cosas más gratificantes. Una opción válida, pues, es la fotografía. Básicamente, a través de esta técnica se pueden capturar imágenes de cosas que nos gustaría guardar y conservar como pequeños tesoros: un bello amanecer, el ángulo de un rostro, la fachada de una antigua casa, los coloridos de una flor. Todos ellos nos transportan y funcionan como catalizadores visuales para evocar recuerdos y sentimientos profundos. La fotografía nos impulsa a caminar, a rastrear diferentes panoramas, buscar cosas que normalmente pasan desapercibidas, objetos perdidos entre paisajes de la ciudad, lugares que, por verlos a diario, esconden bellezas de las que jamás nos percatamos. Se trata de una actividad que nos permite observar, detenernos en particularidades y experimentar emociones. Un mundo de luces y sombras, encuadres, profundidades, formas, colores y texturas. Momento de captación y creación.

A través de este arte podemos contemplar y mostrar aquello que sentimos, que valoramos, odiamos o adoramos.

Fotografiar es como atrapar sueños y capturar escenas que nos brindan belleza y felicidad.

¡No es justo!

Más allá de las normas jurídicas establecidas y conocidas, cada uno concibe, de acuerdo con su forma de ser y sus necesidades, ciertas ideas acerca de lo que es justo y de lo que resulta injusto. Estas conceptualizaciones permiten reducir el complejo entramado de interacciones, experiencias, situaciones y particularidades a dos sencillas clasificaciones: correcto e incorrecto. A partir de este modelo se juzga, se responde y se actúa. Sin embargo, estas categorías fantasiosas no hacen más que nublar la visión y conducir al error, puesto que entorpecen el claro entendimiento de la realidad circundante. Ahora bien, funcionar en estos términos limita tremendamente la experiencia cotidiana de vivir porque no hay lugar para la amplia variedad de matices que forman parte de la existencia. La rigidez mental y la intransigencia en vez de fortalecer y conducir a la felicidad, debilitan mental, espiritual y emocionalmente a la persona. Mejor que convertirse en jueces o críticos es abrirse y aceptar las diferencias de opiniones, pareceres y acciones. Dicho cambio reconcilia a la persona con la vida, con la alegría y la calma.

Porque con el juicio con que juzgáis, seréis juzgados; y con la medida con que medís, os volverán a medir.

San Mateo (7:2)

Descubre otras formas de vivir en pareja

—¡Hola amor! ¿Cómo ha ido tu viaje?
—Bien, gracias, ¿Tú cómo estás?
—Bien, también. ¿Cuándo nos vemos?
—Cuando quieras.
— Ok. Paso a buscarte a la noche y vamos a cenar.
—¿Te quedas el fin de semana conmigo en casa?
—¡Perfecto!

Martina (40) y Joaquín (45) se conocen desde hace tres años. Son profesionales y decidieron tener una relación pero mantener su independencia.

Aunque se aman, les gusta estar juntos y compartir gratos momentos, no quieren perder su independencia. Las presiones no existen. Se encuentran cuando se extrañan, desean o necesitan. A ninguno de los dos les interesa mudarse con el otro porque consideran una medida saludable preservar sus espacios. Cada uno le brinda al otro lo que puede, manteniendo su privacidad al margen de la relación. Se trata de un pacto adulto que acepta las ventajas y limitaciones de esta condición y les permite mantener una vida propia sin limitar o condicionar al otro.

Cuando ambos son responsables y maduros es posible armar un acuerdo de tales características. No es preciso encasillarse en estereotipos o mandamientos sociales para ser felices. Cada uno puede y debe vivir su amor de la manera que mejor le parezca si eso garantiza una relación más sana, feliz y armoniosa.

Deshazte de la necedad y la soberbia

El sabio, decía Immanuel Kant, puede cambiar de opinión. El necio, nunca. La necedad juntamente con la soberbia son dos grandes y monstruosos obstáculos que interrumpen nuestro camino hacia la felicidad.

Desde el inicio del libro, recalcamos la importancia de la apertura mental y la actitud de cambio para poder salir del lugar de sufrimiento y apatía. Apuntamos también, a la necesidad de estar dispuestos a dejar de lado viejas creencias para incorporar nuevas. Pero nada de esto es factible si no abandonamos la rígida idea de que no es posible realizar modificaciones, si nos aferramos a los viejos y malos hábitos y no creemos en que hay gente que nos puede ayudar a crecer y evolucionar. Este crecimiento del que hablamos requiere coraje, valentía y fe. Sin estos tres elementos, nada se puede hacer.

La soberbia es un temor a ser diferentes, es miedo a experimentar y a enfrentarnos a nosotros mismos; representa una actitud arrogante e irrespetuosa ante lo que nos ofrece la vida. Negarse a incorporar nuevos conocimientos, a trabajar para progresar, a confiar y a tener esperanza es negarse a la existencia misma. Hay que animarse a sacarse la armadura, a exponerse. No importa si nos caemos o tropezamos… debemos seguir caminando y avanzando hacia la plenitud.

Ser adulto significa, precisamente, ser responsable.

Antoine de Saint-Exupéry

Dedica a diario unos minutos a la oración

Orar es conversar con la Naturaleza y con nuestro ser interior; meditar es escucharlos. Cuando hablamos con el Todo, con la Fuerza Creadora, con Dios, es nuestro espíritu quien se comunica, no nuestra mente. Rezar es una práctica que produce una bella sensación de liberación, serenidad y paz con el Universo.

Aunque se puede rezar en cualquier lugar siempre es mejor hacerlo en sitios donde exista una atmósfera de tranquilidad y silencio. Para orar hay que separarse de los problemas, asumir una actitud de humildad y bondad y pedir por quienes amamos, por lo que necesitamos y agradecer por lo que somos y poseemos.

Cuando rezas, decía Khalil Gibrán, te elevas para encontrar en el firmamento a aquellos que están orando en ese mismo instante, a quienes nunca encontrarías si no fuera a través de la oración. Es una verdadera pena renunciar a esta práctica cuando surgen dudas respecto de la fe o en momentos particularmente difíciles, por el contrario, es en esos casos cuando se debe recurrir más a ella.

Dedica a diario unos minutos a la oración. Abre tu corazón a esta experiencia. Recuerda las palabras de Pablo Coelho en su libro *El alquimista*: «Siempre que sigues los dictados de tu corazón el Universo entero conspira para que tu deseo sea posible».

No desperdicies tu tiempo en cosas que no valen la pena

Fue Vilfredo Pareto (sociólogo, economista y filósofo italiano) quien enunció la Regla del 80-20.

Este principio formula que sólo el 20% de las cosas que realizamos nos dan el 80% de las gratificaciones que necesitamos o esperamos. Por lo cual, un 80% de lo que hacemos aporta poco o nada a nuestra vida.

Cuando hablamos de aportar no nos referimos a dinero sino a descanso, diversión y salud; se trata de hacer un uso razonable y lógico de los tiempos y esfuerzos para dedicar más espacio a aquello que nos brinda dicha y plenitud.

¿Cuántas veces salimos con gente con la que no tenemos ningún tipo de afinidad o pasamos horas en reuniones que no nos interesan o empezamos cursos que jamás concluimos? En vez de ello, por ejemplo, es mejor dedicarse a desarrollar actividades que están relacionadas con nuestras metas o realizar cambios que nos permitan disponer de más tiempo para actividades lúdicas o descanso. Nuestro tiempo de vida es limitado para explorar todo lo que hay en el mundo. Es hermoso pasear, conocer lugares nuevos, divertirse, salir con amigos. Cada hora y cada minuto cuentan. Desperdiciarlos limitan nuestras vivencias y felicidad.

Descubre la magia que hay en las cosas simples

Cuando éramos niños y no teníamos preocupaciones pasábamos horas jugando con un palo, un muñeco o los lápices del estuche. La pared era una especie de gran lienzo que estaba esperándonos para que pintáramos en ella nuestra gran obra de arte. Sillas en hilera simulaban un autobús. Armados con cucharas, ollas, agua y barro nos convertíamos en chefs profesionales. Un trapo en la espalda nos transformaba en superhéroes. Éramos muy felices con pequeñas cosas. Pero a medida que fue pasando el tiempo y las obligaciones comenzaron a aumentar, nuestra mirada y atención se desviaron hacia otros sitios y objetos. Esas pequeñas cosas que nos transportaban a reinos imaginarios y que nos daban tanta satisfacción, se fueron esfumando hasta desaparecer, y no recordamos en qué momento exacto sucedió esto.

Quizá ya seamos mayores para divertirnos con un avioncito o un trozo de tela, seguramente ya no sea gracioso jugar al papá y a la mamá, pero existen millones de cosas en este mundo que, bajo una sencilla apariencia, aún nos pueden gratificar: el amanecer, unas flores de colores, las estrellas, nuestra bicicleta de paseo, un chocolate.

De eso se trata la felicidad… de no ser tan serios y adultos, de recuperar la capacidad casi infantil e ingenua de ser felices con pequeñas, sutiles y sencillas cosas.

Para reflexionar:
Apuesta por la felicidad

El significado de la felicidad es tan personal como las huellas digitales, y cada ser humano tiene una idea formada acerca de ella. Para algunos representa un estado permanente de alegría y, para otros, se trata tan solo de intermitencias de paz y serenidad.

Sin embargo, más allá de las discrepancias existentes, todos coincidimos en un punto… que la felicidad es lo que hace que valga la pena vivir.

Amar y ser amados es felicidad, ayudar y ser ayudados es felicidad, cuidar del planeta es felicidad, ser agradecidos y valorar lo poco o mucho que tenemos es felicidad, querernos como somos es felicidad, perdonar y perdonarnos es felicidad.

Sabemos que no es fácil que en medio de tanta confusión, desencanto y desconfianza se apueste a la dicha, pero entendemos que del momento mismo en que nos levantamos una mañana y nos preguntamos si somos felices se enciende una luz… se abre una puerta, una esperanza.

El Universo pone tesoros invaluables en nuestro camino: amigos, aventuras, colores, música, literatura, flores, amaneceres, no es posible darles la espalda a tantas maravillas. Debemos, de una vez por todas, aceptar el desafío que implica la propia existencia, recuperar la ilusión, tomar el control de nuestra vida y apostar por un futuro brillante.

Encuadernado en tela

Más allá de El Secreto

Aprenda a dominar su mente y desarrolle el poder para transformar su vida mediante la ley de la atracción.

Más allá de El secreto es más que un libro, es una revelación, una oportunidad única de transformar nuestras vidas. Todas las claves del aclamado mensaje de Rhonda Byrne en *El Secreto* son aquí desveladas para que cada uno acceda a su propia vía de superación personal y alcance mayores cotas de éxito y bienestar gracias a un conocimiento adecuado de su poder mental. La autora no sólo va un poco «más allá de El Secreto», sino que pone a nuestro alcance toda su sabiduría sobre las leyes esenciales del mentalismo. Una de las aportaciones más útiles de esta obra es la recopilación de consejos y métodos de superación personal elaborados por los mejores expertos actuales en pensamiento positivo, presentados aquí de forma sencilla y ordenada. Este libro contiene, sin lugar a dudas, un texto de incalculable valor que puede cambiar su vida si se atreve a profundizar en él para descubrir cómo transformar su vida y cumplir sus mayores deseos.

Más allá de La Ley de la Atracción

¡Tú puedes alcanzar la abundancia por medio del poder de la atracción!

En este libro encontrarás la forma de aplicar ese poder para obtener todo lo que ambicionas. No se trata de magia ni de esoterismo, sino de la aplicación de ciertas normas científicas que rigen el Universo. Tampoco necesitarás hacer ningún gran esfuerzo para alcanzar la prosperidad y el bienestar que siempre has deseado. Sólo tienes que leer detenidamente cada capítulo, aceptar sus contenidos y seguir sus consejos. La Ley de la Atracción te dará entonces todo lo que le pidas. La prosperidad, la abundancia, la riqueza, están ya en tu mente. Forman parte de tus energías dormidas, a las que tus actitudes negativas impiden despertar. Debes detectar y erradicar esos pensamientos nocivos con recursos científicos, para que tu mente florezca en ideas positivas y logros personales favorecidos por la Ley de la Atracción.

Encuadernado en tela

Encuadernado en tela

Guía práctica de El Secreto

Una guía didáctica para que puedas utilizar las leyes de *El Secreto* en tu vida diaria.

Este manual práctico que tienes entre tus manos supone una oportunidad fundamental para poder cambiar tu vida. Porque su finalidad es dar a conocer los pasos reales que hay que dar para transformar tu vida en positivo, siguiendo la estela que Rhonda Byrne y Brenda Barnaby han marcado en sus best sellers *El Secreto* y *Más allá de El Secreto*. Se trata de resumir las actitudes y pensamientos que resaltan la importancia de los sentimientos como componente fundamental en nuestra relación con el Universo.

- Visualizaciones y afirmaciones para una vida mejor.
- Cómo alimentar la mente para mantenerse activo y sano.
- Transformarse hacia una personalidad positiva.
- Diseña a conciencia tu futuro.
- Utiliza la imaginación y refuerza tus vínculos afectivos.

Las historias de El Secreto

Las historias de El Secreto reúne un considerable número de testimonios de distintas épocas y culturas que de una forma u otra se refieren a las leyes del Universo, la Ley de la Atracción o el pensamiento positivo. Oraciones, rezos, súplicas, sueños y esperanzas son algunas de las formas que se han utilizado para solicitar el cumplimiento de un deseo. Todas nacen con el objetivo de poder transformar nuestras vidas y acceder a un nuevo estadio de superación personal. Brenda Barnaby, la aclamada autora del best seller Más allá de El Secreto, recoge en este libro las historias más significativas basadas en el poder de la fuerza de El Secreto y la Ley de la Atracción.

Encuadernado en tela

- El poder del Universo y las leyes del Cosmos.
- La Ley de la Atracción y el derecho a pedir.
- Decidir qué es lo que deseamos.
- Visualizar el deseo cumplido.
- No renunciar a nuestros sueños.

Desde el punto de vista de la Ley de la Atracción, ningún deseo es demasiado grande para quien esté dispuesto a conseguirlo. ¡Transformar tu vida y realizar tus sueños está en tus manos!

Happy Stories

Historias de personas que han sabido encontrar la felicidad

Brenda Barnaby, experta en temas de autoayuda y autora del libro Más allá de El Secreto, propone un viaje iniciático en busca de la felicidad.

Para ello, se traslada hasta la India, para encontrarse con el gurú Dayananda Saraswati, que predica sobre la fuerza interior que conduce a la felicidad. El gurú le propone intercambiar sus consejos por las historias que ella ha recogido. El trato se va cumpliendo día a día, invariablemente, a la caída del sol. Algunas de las historias recogidas por Brenda Barnaby:

- La voz de la montaña: la historia de un padre que llevó a su hijo a pasear por una región de cumbres altas y rocosas.
- Los cuatro labriegos: una leyenda mexicana sobre un chamán que conocía el secreto de la felicidad.
- El náufrago: la historia de un hombre que se creyó abandonado por todos.

Un año para ser feliz

Una agenda perpetua para toda la vida

Todos los días del año tienen un pequeño regalo espiritual que iluminará tu vida. Disfrútalo.

Para rodearnos de armonía y conocer y valorar nuestros sentimientos, este libro nos propone una serie de pensamientos, frases, citas de autores célebres y ejercicios para la mente que nos ayudarán a vivir con mayor plenitud y alcanzar mayores cotas de felicidad. Mejora tu calidad de vida, mejora tu mente, tu espíritu y relaja tu cuerpo.